指向初中数学深度学习的课堂教学理论与实践

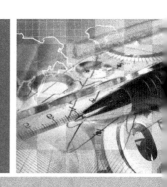

吕亚军 / 著

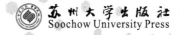

图书在版编目(CIP)数据

指向初中数学深度学习的课堂教学理论与实践 / 吕亚军著. -- 苏州：苏州大学出版社，2025.2. -- ISBN 978-7-5672-5096-3

Ⅰ.G633.602

中国国家版本馆 CIP 数据核字第 2025QV4692 号

书　　名：	指向初中数学深度学习的课堂教学理论与实践
著　　者：	吕亚军
责任编辑：	李　娟
助理编辑：	陶　玉
装帧设计：	吴　钰
出版发行：	苏州大学出版社（Soochow University Press）
社　　址：	苏州市十梓街1号　邮编：215006
印　　刷：	江苏凤凰数码印务有限公司
邮购热线：	0512-67480030
销售热线：	0512-67481020
开　　本：	700 mm×1 000 mm　1/16　印张：12　字数：197 千
版　　次：	2025 年 2 月第 1 版
印　　次：	2025 年 2 月第 1 次印刷
书　　号：	ISBN 978-7-5672-5096-3
定　　价：	42.00 元

图书若有印装错误，本社负责调换
苏州大学出版社营销部　电话：0512-67481020
苏州大学出版社网址　http://www.sudapress.com
苏州大学出版社邮箱　sdcbs@suda.edu.cn

前言

  2014年,笔者和团队着手深度学习研究.十年以来,笔者曾主持了江苏省"十三五"规划重点课题"元认知训练促进初中生数学深度学习的行动研究"、江苏省"十四五"规划教师发展研究课题"指向初中数学深度学习的系统性教学行动研究"、江苏省"十四五"规划苏教名家专项课题"指向初中数学深度学习的探究式教学行动研究"、苏州市"十四五"规划课题"指向初中数学深度学习的系统性教学行动研究"等,尝试探索发展学生核心素养的实践策略和途径.通过研究和实践,团队也取得了部分阶段性成果.本书主要分深度学习概述、初中数学深度学习概述、指向初中数学深度学习的促进策略、指向初中数学深度学习的主题课教学案例等四章进行描述,以帮助和指导教师更好地改进教学策略,促进学生深度学习.

  第1章为深度学习概述.本章主要对深度学习的研究历程进行梳理和分析,并从学习目标分类、核心概念表征、学习活动动词、学习类型标准等角度对深度学习和浅层学习进行了比较,使读者更加清晰地理解两者的区别和联系.本章也对深度学习的认知理论基础、理论价值与实践意义等进行了阐述,为实施初中数学深度学习做好理论层面的准备.

  第2章为初中数学深度学习概述.本章内容主要基于笔者近几年对深度学习的理解、探索及撰写的学术论文,从初中数学深度学习的内涵、特征、一般过程、评价体系、实施意义等方面进行了阐述,旨在探索指向初中数学深度学习的理论研究和理性思考.

  第3章为指向初中数学深度学习的促进策略.本章主要结合课题研

究阶段性成果,从元认知训练教学策略、情境创设教学策略、系统性教学策略、结构化教学策略、探究式教学策略等方面探索指向初中数学深度学习的促进策略,为教师教学提供具体的、具有可操作性的指导建议.

  第 4 章为指向初中数学深度学习的主题课教学案例.本章主要结合教学实践,从课标阐述、教材分析、目标制定、教学过程、回顾与反思等方面对不同类型主题课,如概念主题课、单元主题课、项目主题课等,进行详细的阐述,呈现课堂教学设计和样态,供读者参考.

第1章　深度学习概述 / 001

1.1 深度学习与浅层学习概述 / 003
    1.1.1 深度学习研究历程 / 003
    1.1.2 深度学习的特征 / 004
    1.1.3 深度学习和浅层学习的比较 / 005

1.2 深度学习的认知理论基础 / 009
    1.2.1 建构主义理论与深度学习 / 009
    1.2.2 情境认知理论与深度学习 / 009
    1.2.3 分布式认知理论与深度学习 / 010
    1.2.4 元认知理论与深度学习 / 010

1.3 深度学习的多维解析 / 012
    1.3.1 深度学习是发展素养的学习 / 012
    1.3.2 深度学习是积极主动的学习 / 012
    1.3.3 深度学习是教师主导的学习 / 013
    1.3.4 深度学习是符合学习科学的学习 / 013

1.4 深度学习的理论价值与实践意义 / 015
    1.4.1 深度学习能促进认知深度发展 / 015
    1.4.2 深度学习能发展元认知能力 / 015
    1.4.3 深度学习能培养创新能力 / 015
    1.4.4 深度学习能培养终身学习能力 / 016

第 2 章　初中数学深度学习概述 / 017

2.1　初中数学深度学习的内涵 / 019
2.2　初中数学深度学习的特征 / 020
2.3　初中数学深度学习的一般过程 / 022
2.4　初中数学深度学习的评价体系 / 024
  2.4.1　评价体系的理论基础 / 024
  2.4.2　评价体系的构建 / 027
  2.4.3　评价体系应用示例 / 029
2.5　初中数学深度学习的实施意义 / 033
  2.5.1　初中数学深度学习有助于促进教学质量的提升 / 033
  2.5.2　初中数学深度学习有助于促进学科素养的发展 / 033
  2.5.3　初中数学深度学习有助于促进学习效果的提升 / 034
  2.5.4　初中数学深度学习有助于促进学习方式的优化 / 034
  2.5.5　初中数学深度学习有助于促进教师专业的发展 / 035

第 3 章　指向初中数学深度学习的促进策略 / 037

3.1　指向初中数学深度学习的元认知训练教学策略 / 039
  3.1.1　元认知的概念 / 039
  3.1.2　数学深度学习元认知训练的维度、因素、内涵和目标 / 039
  3.1.3　初中数学深度学习与元认知训练的相互促进作用 / 040
  3.1.4　促进初中数学深度学习的元认知训练过程 / 041
  3.1.5　促进初中数学深度学习的元认知训练问题单设计 / 044
3.2　指向初中数学深度学习的情境创设教学策略 / 047
  3.2.1　以真实生活为切入点 / 047
  3.2.2　以实验操作为切入点 / 048
  3.2.3　以认知冲突为切入点 / 049
  3.2.4　以数学文化为切入点 / 050
  3.2.5　以问题探究为切入点 / 051

3.3 指向初中数学深度学习的系统性教学策略 / 053
    3.3.1 初中数学系统性教学的内涵 / 053
    3.3.2 初中数学系统性教学的基本原则 / 053
    3.3.3 初中数学系统性教学的设计理念 / 055
    3.3.4 初中数学系统性教学的课型 / 056
    3.3.5 指向初中数学深度学习的系统性教学设计 / 057
    3.3.6 指向初中数学深度学习的系统性教学策略的原则 / 064

3.4 指向初中数学深度学习的结构化教学策略 / 066
    3.4.1 初中数学结构化教学的内涵解读 / 066
    3.4.2 初中数学结构化教学的知识网络 / 066
    3.4.3 指向初中数学深度学习的结构化教学设计 / 072

3.5 指向初中数学深度学习的探究式教学策略 / 075
    3.5.1 指向初中数学深度学习的探究式教学的内涵 / 075
    3.5.2 指向初中数学深度学习的探究式教学的特征 / 076
    3.5.3 指向初中数学深度学习的探究式教学常见类型 / 077
    3.5.4 指向初中数学深度学习的探究式教学设计 / 081

第4章 指向初中数学深度学习的主题课教学案例 / 083

4.1 概念主题课教学案例 / 085
    4.1.1 以"完全平方公式"为例 / 085
    4.1.2 以"探索三角形相似的条件"为例 / 092
    4.1.3 以"函数"为例 / 099
    4.1.4 以"二次函数和一元二次方程的关系"为例 / 105

4.2 单元主题课教学案例 / 111
    4.2.1 以"圆中的相似问题"为例 / 111
    4.2.2 以"与三角形相关的综合问题"为例 / 120
    4.2.3 以"与四边形相关的综合问题"为例 / 129
    4.2.4 以"三角形中线与面积问题"为例 / 138
    4.2.5 以"反比例函数"为例 / 144

4.3 项目主题课教学案例 / 153
  4.3.1 以"反比例函数探究"为例 / 153
  4.3.2 以"园中探塔"为例 / 160
  4.3.3 以"数海航行"为例 / 165
  4.3.4 以"哥尼斯堡七桥问题"为例 / 172

后记 / 181

第 1 章

深度学习概述

第1章

当今时代是一个信息爆炸的时代,社会对人的要求越来越高,人的思维方式也受到前所未有的挑战,社会更需要能解决真实情境下的复杂问题的、具有高阶思维能力的人.21世纪以来,政治、经济、文化、科技快速发展,世界进入百年未有之大变局,人类面临人工智能的快速发展,未来社会变得越来越无法确定、不可预知.如何让现在的孩子适应未来的世界,是世界各国教育共同面临的巨大挑战,而在灌输式教学模式下,学习者获得的是孤立的、与现实相分离的、不具实际效用的惰性知识,这与当今社会的快速发展形成了显著冲突,因此深度学习的实施与推进,成为时代发展的必然需求.

1.1 深度学习与浅层学习概述

1.1.1 深度学习研究历程

从20世纪50年代中期,西方就已经开始研究深度学习,直到1976年瑞典哥德堡大学教授马飞龙(Ference Marton)和罗杰·赛里欧(Roger Säljö)联名发表《学习的本质区别:结果和过程》[①],首次提出了深度学习(Deep Learning)和浅层学习(Surface Learning)这两个相对的概念.他们请学生阅读一篇学术文章并告知学生读后要回答一些相关问题,结果发现有些学生把文章看作零散的信息单元,猜测可能提出的问题并努力记住相关信息,即"浅层学习";还有一些学生则把文章视为包含意义结构的东西,因此他们会搜寻文章主要关注的问题、思考文章的含义以及对自己的意义,即"深度学习".研究表明,采用深度学习方法的学生对文章的理解更深,能更好地回答问题,并且能更有效、更持久地记住相关信息.

约翰·比格斯(John Biggs)等多位学者对深度学习进行了研究,他们的基本共识是:浅层学习是对零散的、无关联的内容不加批判地机械记忆,学习内容脱离生活实际,与学生以往的经验缺乏关联,学不致用;而深度学习则是积极主动地理解学习内容,与以往的经验建立联系,追求基本原理,

---

① Marton F, Säljö R. On qualitative differences in learning: I-Outcome and process[J]. British Journal of Educational Psychology, 1976(46): 4—11.

权衡相关证据,进行批判、反思和应用.

国内对深度学习的研究起步较晚,黎加厚教授介绍了深度学习的概念,他认为深度学习是指在理解的基础上,学习者能够批判地学习新思想和事实,并将它们融入原有的认知结构中,能够在众多思想间进行联系,并能够将已有的知识迁移到新的情境中,做出决策和解决问题的学习.① 这一概念也得到了较为广泛的认同.钟启泉教授认为,深度学习着眼于儿童怎样进行学习,亦即儿童在学校的学习过程中如何直面社会性的课题,如何探求具体问题的解决之道,如何在运用知识及培育思考力、判断力、表达力的学习场中,将自身作为能动活动的"学习主体",这就是深度学习应有的状态.②

国内学者开展了一系列针对深度学习的相关学术研究,其中具有代表性的表述有:北京师范大学郭华教授认为深度学习是学生主动的、有意义的、自主参与学习的过程.③ 张浩、吴秀娟认为深度学习是一种面向真实社会情境和复杂技术环境的学习方式和学习理念,他们倡导通过深度加工知识信息、深度理解复杂概念、深度掌握内在含义,主动建构个人知识体系并迁移应用到真实情境中解决复杂问题,最终促进全面学习目标的达成和高阶思维能力的发展.④ 安富海认为深度学习是一种基于理解的学习,是指学习者以高阶思维的发展和实际问题的解决为目标,以整合的知识为内容,积极主动地、批判性地学习新的知识和思想,并将它们融入原有的认知结构,且能将已有的知识迁移到新的情境中的一种学习.⑤ 阎乃胜认为深度学习是指对信息进行深度加工,深刻理解和掌握复杂概念的内在含义,建构起个人情境化的知识体系,以知识迁移推进现实任务的完成.⑥

1.1.2 深度学习的特征

关于深度学习的特征,表述有两类.一类是直接明确阐述,其中有代表性的观点有:何玲、黎加厚认为深度学习有三个特点,即理解与批判、联系

---

① 何玲,黎加厚.促进学生深度学习[J].计算机教与学现代教学,2005(5):29—30.
② 钟启泉.深度学习[M].上海:华东师范大学出版社,2021.
③ 郭华.基于深度学习的教学改进[J].教育科学论坛·专题版,2015(2):13—23.
④ 张浩,吴秀娟.深度学习的内涵及认知理论基础探析[J].中国电化教育,2012(10):7—11.
⑤ 安富海.促进深度学习的课堂教学策略研究[J].课程·教材·教法,2014(11):57—62.
⑥ 阎乃胜.深度学习视野下的课堂情境[J].教育发展研究,2013(12):76—79.

与构建、迁移与应用.郭华认为深度学习的特征体现在联想与结构、活动与体验、本质与变式、迁移与应用等方面.张浩、吴秀娟提出了深度学习的几个特征,即注重批判理解、强调信息整合、促进知识建构、着意迁移运用、面向问题解决和提倡主动学习与终身学习,其核心特征是发展高阶思维,发展高阶思维有助于促进深度学习.钟启泉认为深度学习是提升向学力、涵养人格的状态,深度学习拥有三种特征,一是基于学科本质的学习,二是主体性、对话性的学习,即通过伙伴协作能够达到认知极限的课题学习,三是学习者自身能够体悟到学习深度的学习.

另一类是没有直接明确阐述,而是与深度学习的概念一并阐述,如冯锐、杨红美认为深度学习强调主动地理解而非被动地记忆,强调批判性地学习而非一味地接受,强调原有知识与新知识之间的联系而非孤立存在的知识碎片,强调知识的迁移与应用而非将知识作为应对考试的砝码.此外,深度学习更加注重隐性知识的获得,如批判思维、决策制定、问题解决等.①段金菊、余胜泉认为深度学习强调较高的认知目标层次,强调高阶思维能力的培养,强调学习过程中的反思与元认知,并且注重学习行为方面高情感投入和高行为投入.在认知结果方面,则注重概念转变,强调复杂认知结构的养成.②

1.1.3 深度学习和浅层学习的比较

(1)从学习目标分类比较.根据布卢姆对认知领域学习目标的分类,学习目标分为知道、领会、应用、分析、综合及评价六个层次,浅层学习的认知水平只停留在知道、领会两个层次,主要是知识的简单描述、记忆或复制;而深度学习的认知水平则可对应应用、分析、综合、评价这四个较高级的认知层次,更注重知识的理解和应用.两种学习的目标分类对比见表1-1.

---

① 冯锐,杨红美.基于故事的深度学习探讨[J].全球教育展望,2010(11):26-32.
② 段金菊,余胜泉.学习科学视域下的 e-Learning 深度学习研究[J].远程教育杂志,2013(4):43-51.

表 1-1　深度学习与浅层学习目标分类对比

学习类型	目标层次	内涵描述
浅层学习	知道	对所学知识进行重复提取相关信息
	领会	从相关信息中建构知识
深度学习	应用	在新的情境中应用所学知识
	分析	能从众多材料中分解、提取有用信息并进行归类
	综合	通过综合分析研究各种材料,内化并生成新的结构和模式
	评价	能制定标准或根据既有标准对所学知识作出有效判断

（2）从核心概念表征比较.浅层学习指学习者在外力驱动的基础上,通过简单描述、重复记忆和强化训练等方式学习新知识和思想的一种学习形式.浅层学习属于低阶思维活动,深度学习属于高阶思维活动,但发展高阶思维能力和深度学习又是相互作用、相互促进的,发展高阶思维能力有助于实现与促进深度学习,深度学习又能促进思维品质和学习能力的提高.从两种学习的差异来看,所谓深度学习是指寻求意义的学习,所谓浅层学习是指着眼于碎片知识与事实的学习,不寻找价值和意义,属于无意义、无目的的学习,两种学习形成鲜明的对比,见表 1-2.①

表 1-2　深度学习与浅层学习概念表征对比

学习类型	概念表征
深度学习	1. 同既有知识与经验链接起来进行思考 2. 掌握普遍的范式与内在的原理 3. 基于证据,引出结论 4. 关注逻辑性与推理,展开批判性探讨 5. 体悟学习中的成长 6. 积极、主动地探究,深度思考
浅层学习	1. 知识碎片化 2. 记忆知识和例行的操作步骤 3. 对新颖思考的意义感到困惑 4. 几乎不寻求学程或课题的价值与意义 5. 缺乏学习目的与对策略的反思 6. 心理压力过大,忧心忡忡

---

① 沟上慎一.能动学习与教学范式的转换[M].东京:东信堂,2014.

（3）从学习活动动词比较.约翰·比格斯与凯瑟琳·唐（Catherine. Tang）用"动词"归纳了两种学习的特征.深度学习的特征是多采用"反思""运用于不同类型的问题""树立假设""提炼核心概念"之类的高阶认知技能,以求得真实性问题的解决.相反,浅层学习的特征是多采用"记忆""指认与命名""理解文本""变换说法""描述"之类的非反思性的机械记忆方式,以求得形式上的问题解决.①深度学习和浅层学习学习活动动词对比见表 1-3.从表 1-3 中可以看出深度学习发生的前提是浅层学习,没有浅层学习,深度学习难以发生.仅仅停留在记忆、描述、理解文本的层面,是无法实现知识迁移运用的,因此要注重反思、迁移、提炼等深度学习方式,形成深度思考.

表 1-3 深度学习与浅层学习学习活动动词对比

学习活动	深度学习	浅层学习
反思	□	
迁移	□	
树立假设	□	
理解原理	□	
做出解释	□	
展开论证	□	
进行链接	□	
提炼核心观念	□	
描述	□	□
变换说法	□	□
理解文本	□	□
指认与命名	□	□
记忆	□	□

注：表中"□"代表有该项学习活动.

（4）从学习类型标准比较.海（D.B.Hay）采用"概念地图"对深度学习、浅层学习、非学习进行了研究,并制订了深度学习、浅层学习、非学习的判定标准.深度学习与浅层学习学习类型标准对比见表 1-4②.从对比分析来看,深度学习标准是要能产生有意义的链接,要能显示出新学习的概念,知识结构发生明显的、有意义的、重要的变化.浅层学习标准是没有形成

---

① 钟启泉.深度学习[M].上海:华东师范大学出版社,2021.
② 沟上慎一.能动学习与教学范式的转换[M].东京:东信堂,2014.

链接,也没有有效整合,没有发生明显、有意义的、重要的结构性变化.非学习标准是学习后仍维持学习前的状态,缺乏新进展,不产生任何结构性变化.

表1-4　深度学习与浅层学习学习类型标准对比

学习类型	学习类型标准
深度学习	1. 在学习之后的概念地图中,显示出新学习的概念.这是在学习之前的概念地图上并没有画出来的,有别于既有知识的内涵 2. 在学习之后的概念地图中,显示出既有知识产生了有意义的链接,形成了新的知识 3. 学习之后的概念地图的整体知识结构,相比学习之前,产生了重要的变化,就是说,表现出更优异的结构、更深刻的内涵(链接)、更丰富的意义
浅层学习	1. 在学习之后的概念地图中,显示出新学习的概念,这是学习之前在概念地图上并没有画出来的.不过,既有知识没有形成链接或者没有整合.在学习之后,概念结构或者维持先前的不变,或者瓦解 2. 在学习之后的概念地图中,包含了新的概念,但并没有增加有意义的链接 3. 在学习之后的概念地图中,并没有显示出有别于学习之前的概念地图的重要变化.具体地说,并未表现出有结构性的丰富内涵(链接),说服力(有意义)极其薄弱
非学习	1. 在学习之前与学习之后的概念地图中,既有知识原封不动,并没有瓦解 2. 在学习之后的概念地图中,缺乏重要的概念结构的重建 3. 在学习之后的概念地图中,缺乏新引进的概念 4. 在学习之后的概念地图中,缺乏新发展的链接 5. 在学习之后的概念地图中,缺乏新发展的有意义的链接结构

1.2 深度学习的认知理论基础

作为一种主动的、批判性的有意义学习方式,深度学习是当前学习研究的重要内容之一,学界对其认识和理解则是基于多种学习理论基础的.在学习理论两大主要流派行为主义和认知主义中,行为主义关注控制的条件刺激和可观察的行为反应之间的关联,而认知主义关注学习者内部心理结构的性质和变化.从深度学习的内涵、特征来看,建构主义理论、情境认知理论、分布式认知理论和元认知理论这四个认知理论与深度学习联系较为密切.

1.2.1 建构主义理论与深度学习

建构主义者认为学习应具备六条核心特征:积极的、建构性、累积性、目标指引、诊断性和反思性.具有所有这六条特征的学习才是典型的建构性学习.深度学习体现了建构性学习的核心特征,属于典型的建构性学习.深度学习一方面是学习者在原有的知识基础上进行主动建构,形成新的知识结构体系;另一方面,学习者发现新知识与已有经验发生认知冲突,需要建构新的认知结构.因此,深度学习具有双向建构性特征.作为一种建构性学习,深度学习不仅要求学习者懂得概念、原理、技能等结构化的浅层知识,更要求学习者理解掌握复杂概念、深层知识等非结构化知识,最终形成结构化与非结构化的认知结构体系,并灵活地运用到各种具体情境中来解决实际问题.深度学习通常发生在学习环境中,因此需要创设有意义的情境或者学习环境,才能帮助学习者实现深度学习.

1.2.2 情境认知理论与深度学习

情境认知理论不是把知识作为个体内部心理的表征,而是把知识视为个人和社会或物理情境之间联系的属性以及互动的产物.[①]因此,学习不仅仅是为了获得事实性的知识,还要将自己置于知识产生的特定物理或社会

---

① 高文.情境学习与情境认知[J].教育发展研究,2001(8):30—35.

情境中,通过积极参与具体情境中的社会实践来获取知识、建构意义并解决问题.只有将所学知识用于情境,学习才有价值和意义.而深度学习的重要特征就是要基于情境,其最终目的是在真实情境中迁移应用.情境认知理论是实现并促进深度学习的重要理论依据之一,可以根据情境认知理论创设真实化的、有意义的学习情境来支持和促进深度学习.深度学习的实现往往需要学习者相互合作、协作,学习者可以构建有效共同体,深度学习的最终目标是要解决真实情境中的复杂问题,这个目标对学习者个体而言较难达成,但是构建相应的实践共同体则会使之更易实现.所以学习者要根据情境情况积极参与共同体,通过相互合作、相互帮助、交流互动等来加深对知识的理解,从而解决复杂情境中的复杂问题,达成深度学习和深度思考.

1.2.3 分布式认知理论与深度学习

传统的认知理论把认知看成局部现象,只关注个体内部的认知,忽视了复杂的社会文化环境对人类认知活动的影响.分布式认知是认知科学的一个新分支,借鉴了认知科学、认知人类学、社会学以及社会心理学的理论和方法,认为要在由参与者全体、人工制品所组成的功能系统的层次来解释认知现象.① 分布式认知的概念具有两层含义:分布式认知是一个包括认知主体和环境的系统,是一种包括所有参与认知的事物的新的分析单元;分布式认知是一种认知活动,是对内部和外部表征的信息加工过程.② 分布式认知不仅仅是人大脑中留下的认知,还包括人和人、人和物、人和环境、人和技术之间交互的过程,认知活动不仅依赖认知主体,还涉及其他个体、认知情境等.分布式认知理论认为既要关注个体内部,也要关注影响个体的各个因素,要从系统的、整体的角度把握内部和外部环境,引导学习者的认知向高水平认知发展,引导学习者的学习活动走向深度学习.

1.2.4 元认知理论与深度学习

1970 年弗莱维尔首次提出元认知的概念,他认为,元认知是认知主体

---

① 任剑锋,李克东.分布式认知理论及其在 CSCL 系统设计中的应用[J].电化教育研究,2004(8):3—6.
② 周国梅,傅小兰.分布式认知:一种新的认知观点[J].心理科学进展,2002(2):147—153.

对自身心理状态、能力、任务目标、认知策略等方面的认知,同时也是认知主体对自身各种认知活动的计划、监控和调节.董奇提出的元认知概念得到了国内外学者的认同,他将元认知分为三个方面:(1) 元认知知识,即对学习主体因素、学习任务、认知策略及自身认知能力的了解;(2) 元认知体验,是指学生在认知活动中的情感体验和认知意识;(3) 元认知监控,即对认知活动的计划、监控、评价与调节,以达到预定的活动目标[①].在实际的认知活动中,这三个方面是相互联系、相互影响和相互制约的.深度学习与元认知之间存在相互促进、相互依存的关系.深度学习是一种高阶思维的学习,而元认知是对认知的认知,本身就是一种高阶能力,学习者可以通过元认知训练策略监控、调节学习状态,进而建构知识并迁移到实际问题,最终实现深度学习.深度学习具有批判思维、知识整合、深度加工、主动建构、迁移应用等特征,要想实现深度学习,学习者应要学会反思,提高学习效果,而反思是元认知能力提升的重要策略,因此深度学习能发展学习者的元认知能力.

---

① 董奇.元认知与思维品质关系性质的相关、实验研究[J].北京师范大学学报:社会科学版,1990(5):51-58.

1.3 深度学习的多维解析

1.3.1 深度学习是发展素养的学习

核心素养是指学生在接受相应学段教育过程中,逐步形成的适应个人终身发展和社会发展需要的必备品格与关键能力。[1]简单、重复、机械的记忆不属于深度学习,这些浅层学习方式难以让学生胜任未来发展.拥有远大志向、坚强意志、批判思维、沟通协作能力的人,才能适应当下及未来社会的挑战,而这些素养的获得需要深度学习支撑.深度学习是立足以学生为中心,以培育学生核心素养为导向的教学改革,属于以发展学生素养为根本目标的学习.深度学习不是一种新的教学方式或教学模式,而是鼓励教师深入探索教学规律,研究学习规律,从根本上帮助学生成长,以实现立德树人的根本任务.深度学习的最终目标是指向培养学生核心素养,指向学生的终身发展,是帮助学生掌握核心知识、把握核心思想、形成学习动机,成为既有独立性、批评性、创造性又有合作精神的优秀学习者.

1.3.2 深度学习是积极主动的学习

深度学习是指在教学中学生的学习而不是学生的自学,它是对以往优秀教学精华的概括、提炼.深度学习就是好的教学,包含学生积极主动的学习.深度学习不仅关注知识的获取,更注重知识的理解和应用,它需要学习者主动参与、积极思考,将新知识与已有的认知结构相结合,从而深化对知识的理解与掌握.这种学习方式有助于培养学生的批判性思维、创新能力、合作能力和沟通交流能力等核心素养,进而迁移应用、创造性地解决实际问题.深度学习还要学习者对获取的知识主动、深层次地思考,不是简单地识记、复述,而是根据问题情境,通过解释、推理、思辨、迁移、应用等思维活动,实现更复杂、更具综合性的学习.深度学习还是触及学生心灵的学习,有了心灵(灵魂)的伴随,感知觉以及其他客观的心理活动才能成为"这个

---

[1] 辛涛,姜宇,林崇德,等.论学生发展核心素养的内涵特征及框架定位[J].中国教育学刊,2016(6):3—7.

人"的心理活动,学习也才能成为"这个学生"的学习,"这个学生"才能真正作为主体主动、积极地展开学习活动.①

1.3.3 深度学习是教师主导的学习

深度学习要求学习者学习水平要比现有水平高得多,学习水平要想达到高难度、高水平、有挑战的层次,单靠学生个体是难以完成的,这需要充分发挥教师的引领和主导作用.为了引发学生的深度学习,教师要做以下几件事:(1)确定学生自觉发展的最近发展区;(2)确定通过什么样的内容来提升、发展学生,即转化教学内容,提供恰当的教学材料;(3)帮助学生亲身经历知识的发现与建构过程,使学生真正成为教学的主体.因此,教师要做好学生学情研究,包括学生学习水平、学习特点、已有认知情况等,在此基础上做好规划设计,要重整教材,把抽象的、静态的教材整合成适合学生学习的学材,把问题、情境设计与最近发展区相结合,同时对学生的掌握情况做好监测和反馈,及时调整教学策略,以期更好地帮助学生学习与发展.从这个意义来看,深度学习是充分发挥教师主导作用的学习活动.教师要充分挖掘学生的智慧潜能,激发学生学习的内在动机,让学生持续提升自身学习能力,增强学生学习自信心.

1.3.4 深度学习是符合学习科学的学习

学习科学是一个跨学科的研究领域,它结合了认知科学、教育心理学、神经科学、计算机科学等多个学科的研究成果,旨在探索和理解人类如何学习,以及如何设计有效的教育环境和方法来促进学习.学习科学关注的核心问题包括:学习者的认知过程和心理机制;学习环境和教学策略对学习效果的影响;知识的构建和理解;学习评估和反馈机制的设计;技术在教育中的应用.深度学习作为一种教育实践,与学习科学的许多核心理念相一致,强调学习的主动性、参与性、反思性和应用性.深度学习不仅是知识积累的过程,更是理解、分析和创造的过程.深度学习鼓励学生在真实的情境中应用知识,这与学习科学的情境学习理论相吻合.深度学习还强调元认知技能的培养,这与学习科学中关于自我调节学习的重要性一致.深度

---

① 刘月霞,郭华.深度学习:走向核心素养(理论普及读本)[M].北京:教育科学出版社,2018.

学习中的协作学习、反思实践和持续的评估与反馈,均与学习科学中关于交流互动、元认知发展和形成性学习的重要性相呼应.深度学习有助于培养学生的高阶思维能力、问题解决能力和终身学习能力,有助于为学生创建更加个性化、富有成效且持久的学习体验.

1.4 深度学习的理论价值与实践意义

1.4.1 深度学习能促进认知深度发展

深度学习通过鼓励学生参与高层次的认知活动,促进学生认知的深度发展.深度学习要求学生不能停留在表面的记忆和重复,而是还要理解概念、原理和模式,要学会去探索知识的内在联系,从不同角度分析问题,发展批判性思维.深度学习强调多角度分析和知识整合,引导学生从不同视角审视问题,将分散的知识点串联起来,形成系统化的知识结构.深度学习通过多种方式理解复杂概念,培养批判性思维、多角度分析、知识整合、探究式学习、反思性学习等,促进了学生认知的深度发展.深度学习有助于学生形成扎实的知识基础,发展高阶思维能力,深层次理解和应用知识,为终身学习奠定基石.

1.4.2 深度学习能发展元认知能力

元认知是指个体对自己的认知过程的认识、监控和调节,包括自我反思、自我评估和自我调节等能力.自我反思使学生能够审视自己的学习策略和思维过程,识别优势和不足,从而更有针对性地调整学习方法.自我评估让学生主动参与学习成果的评价,这不仅增强了他们学习的自主性,也锻炼了他们的判断和决策能力.自我调节能力的提升使学生在面对学习挑战时能够灵活调整学习计划和策略,有效管理时间和资源.深度学习强调元认知能力的发展,即学生对自己认知过程的认识和调控,在深度学习的过程中,学生的元认知能力得到了全面的锻炼和提升,逐渐成为独立的学习者,这对学生的学术成就和个人成长都有着深远的影响.

1.4.3 深度学习能培养创新能力

深度学习不仅追求学生对知识的深度理解,更重视学生在学习过程中的主动探索和创造性思维的发展.深度学习为学生提供了培养创新能力和创造力的机会.在深度学习过程中,学生被鼓励突破传统思维模式,探索新颖的解决方案,尝试不同的想法.教师可以通过设计开放性问题和项目,通过探究式学习激发学生的好奇心和求知欲,使学生在主动提问和解决问题的过程中,锻炼独立思考能力和创新思维.深度学习鼓励跨学科学习、项目式学习等新型学习方式.跨学科学习要求学生能将不同学科的概念和方法应用于新的情境,从而产生创新的见解和解决方案,为创新能力的提升提供了更广阔的空间;项目式学习也是深度学习中培养学生创新能力的一个重要途径,在项目中,学生需要运用所学知识进行创新性思考,这种实践是创新能力培养的关键.总之,深度学习可以通过探究、整合、实践、批判、合作和反思等学习策略,为学生的创新能力的培养提供全面的支持.

1.4.4 深度学习能培养终身学习能力

深度学习不仅关注知识的深度掌握,更重视学习者在获取知识过程中的思考方式、学习策略和自我调节能力的发展,这些正是终身学习能力的关键要素.深度学习强调学习是一个持续的过程,不仅限于学校学习.通过深度学习,学生要学会如何设定学习目标、寻找资源、评估信息,以及应用新知识.深度学习鼓励学生在多样化的学习环境中进行合作与交流,这既让学生学到了丰富的知识,又锻炼了他们在团队中学习的能力.深度学习还强调学习过程中的适应性和灵活性,引导学生在面对新知识和新技能时,快速调整自己的学习策略,以适应不断变化的学习环境,这种适应性是帮助学习者在未来学习过程中不断进步和更新知识的重要能力.

第 2 章

初中数学深度学习概述

深度学习是课程改革以来对课程理解和课堂实践的深化,它既是一种理念,也是一种实践指导策略.深度学习是在教师引领下,学生围绕着具有挑战性的学习主题,全身心地积极参与、体验成功、获得发展的有意义的学习过程.在这个过程中,学生掌握学科的核心知识,理解学习的过程,把握学科的本质及思想方法,形成积极的内在学习动机、高级的社会性情感、积极的态度、正确的价值观,成为既具独立性、批判性、创造性、又有合作精神,基础扎实的优秀学习者,成为未来社会历史实践的主人.[①]

2.1 初中数学深度学习的内涵

初中生正处于能力发展的关键期,如何促进初中生深度学习受到越来越多研究者的关注.结合初中数学教学实际及国内外学者对深度学习概念的各种阐述,我们认为初中生数学深度学习是相对初中数学教学中所出现的机械式、被动式的浅层学习方式而言的,深度学习并不是对浅层学习的排斥,而是在浅层学习的基础上,由接受式学习向探究式学习转化,由低阶思维能力向高阶思维能力发展,由简单知识结构向拓展抽象型知识结构延伸,学生实现在原有知识、经验基础上的主动建构,逐渐完善个人数学知识体系,并有效迁移应用到真实情境的过程.[②]

初中数学深度学习的教学设计重点在于通过精心设计问题情境和学习任务,引发学生认知冲突和深度思考,追求对数学知识本质的理解,追求对知识内在联系的认识和整体把握.要让学生在经历知识产生的过程中体会其中的数学思想方法,形成数学的思维方式,并将数学的知识与方法尽可能与现实问题建立联系,解决现实问题.初中数学深度学习是让学生主动参与、积极探索,经历数学知识"再发现"的过程,是在不断反思、质疑和应用中对学习对象深度加工的过程,而不是一蹴而就、被动接受的学习过程.

---

① 刘月霞,郭华.深度学习:走向核心素养(理论普及读本)[M].北京:教育科学出版社,2018.
② 吕亚军,顾正刚.初中数学深度学习的内涵及促进策略探析[J].教育研究与评论(中学教育教学),2017(5):55—60.

2.2 初中数学深度学习的特征

初中数学深度学习具有以下特征：

（一）主动理解与批判接受

初中数学深度学习应建立在学生对已有数学知识的理解基础上，学生应该对数学新知保持一种批判或怀疑的态度，批判性地看待新知识，并将其纳入原有的认知结构中.学习者通过质疑、辨析，加深对数学知识的理解，进而提升自身对数学的主动学习、深度思考能力，而不是盲目地顺应、接受.

（二）激活经验与建构新知

在深度学习过程中，学生需在原有知识经验基础上，激活已有经验，通过新旧数学知识的相互作用，实现知识的同化和顺应，形成自己对数学知识的理解，从而建构新知.

（三）合作学习与自主探究

《义务教育数学课程标准（2022年版）》[以下简称《课程标准（2022年版）》]明确提出：学生的学习应是一个主动的过程，认真听讲、独立思考、动手实践、自主探索、合作交流等是学习数学的重要方式.① 实践证明自主、合作、探究的新型学习方式更容易激发初中生学习数学的兴趣，拓宽其参与课堂活动的广度.课堂教学中的独白和灌输不能促进学生高阶思维的发展，无法促进学生深度学习，只有引导学生主动探究、相互交流、相互沟通、相互启发、相互补充，才能促进其对数学知识的深度理解与灵活运用.

（四）及时反思与自我调控

吴秀娟、张浩等人认为反思应贯穿于整个学习活动过程，其主要目标是通过对学习过程及结果的调控来促进问题解决.而深度学习的最终目的也是要解决真实情境中的复杂问题，因此，反思作为一种重要的高阶思维能力，是促进深度学习的重要策略之一.② 在课堂教学中，学生面对新知及

---

① 中华人民共和国教育部.《义务教育数学课程标准（2022年版）》[M].北京：北京师范大学出版社，2022.

② 吴秀娟，张浩，倪厂清.基于反思的深度学习：内涵与过程[J].电化教育研究，2014(12)：23—28.

时反思,以元认知为指导,运用多样化学习策略,对数学概念、定理、公式等进行甄别、分析、评价、应用,主动调控学习过程并监控结果,形成对数学知识的深度理解,促进学习目标的达成,不断提升自身数学高阶思维能力.

(五)知识整合与深层加工

纳尔逊·莱尔德(Nelson Laird)等人通过对比格斯(Biggs)、恩特斯威尔(Entwistle)和冉斯登(Ramsden)等学者开发的深度学习量表的理论分析和实证研究,发现深度学习可以解构为高阶学习、整合性学习、反思性学习这三个相互关联的部分.[①]数学知识不是孤立存在的,它们之间存在千丝万缕的联系,学习者需要理顺并遵循这一规律,建立新旧知识之间的联系,通过深层次加工将它们整合在一起,使之成为解决数学问题、发展思维能力的关键策略.

(六)把握本质与渗透思想

数学知识可能会被遗忘,但数学思想将伴随学生一生.因此,数学教学必须重视通过渗透数学思想揭示数学本质,让课堂因思想而厚重.[②]笔者在《互动中的升华:初中数学生态课堂构建——由一节省评优课引发的思考》中提到:构建数学生态课堂应注重师生积极互动,注重数学思想方法、数学史与教学融合,让学生"自然"建构知识体系,使学生获得数学素养和生命质量的整体提升.初中数学深度学习要求学习者能把握数学本质,灵活运用数学思想,这样才能提升个人思维品质和学习效能.

(七)有效迁移与问题解决

有效迁移与问题解决是深度学习最核心的特征.学习者需激活已有经验,能够在相似情境中举一反三,也能够在新情境中批判理解并迁移应用.无法在新情境中迁移应用,仅仅机械地记忆、简单地复制、肤浅地理解,这种学习就只能停留在浅层学习的水平,仍属于低阶思维,无法促进学习者的终身发展.当然不是说浅层学习应该被摒弃,而是应该以浅层学习为基础,实现在原有知识、经验基础上的主动建构,逐渐完善个人数学知识体系,并有效迁移应用到真实情境.

---

① Nelson Laird T F, Shoup R, Kuh G D. Measuring deep approaches to learning using the National Survey of Student Engagement[C]. the Annual Forum of the Association for Institutional Research, 2006:1—28.

② 史宁中.数学教育的未来发展[J].数学教学,2014(1):1—3.

2.3 初中数学深度学习的一般过程

我们通过文献研究,结合初中数学学科特点及初中生的学习能力,构建了如图 2-1 所示的初中数学深度学习的一般过程模型.

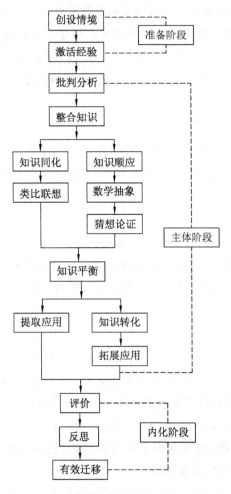

图 2-1 初中数学深度学习的一般过程模型

整个过程分为准备阶段、主体阶段、内化阶段三个部分.准备阶段包含创设数学情境、激活经验两个环节.《课程标准(2022 年版)》指出数学教学活动必须建立在学生的认知发展水平和已有的知识经验基础之上.教师可以从生活中一些实际问题、新旧知识的衔接点等出发,创设自主探索的问题情境,激活学生已有知识与经验,调动学生学习积极性,为学生建构新知搭建平台.

主体阶段学生首先通过对数学情境中的问题进行批判性分析,深化对问题的认识,明确学习目标.在此基础上,进行知识整合,即将相关数学知识点、有关策略性知识等进行梳理、合理使用.

皮亚杰认为,认识是主客体相互作用的过程,主体运用自己的认识结构同化或顺应外界的刺激,从而推动认识的发生与发展,进而达到新的认知平衡状态[1].一些知识与学生自身原有认知结构类似,通过知识整合,学生可以通过联想类比等思想方法进行探究分析,将新的知识融入原有知识体系;还有一些知识不易被理解,与原有认知结构相异,学生可以通过构建抽象数学模型,进行大胆猜想与验证.此过程不仅是学生运用知识的过程,也是学生改变原有认知结构的过程.经过这一过程,学生自身认知会达到更高层次的平衡状态.

应用是决定深度学习效果的关键环节,有的知识学生可以直接提取应用,但有的知识需通过其他策略,如变式练习、精致练习等来完善基本技能,才能实现知识的转化、拓展应用,这样也进一步深化学生对知识的理解,提升其知识迁移能力.

内化阶段包括评价、反思、有效迁移三个过程.评价贯穿整个学习过程,通过对学习过程的动态反馈等来促进较高层次的深度学习的实现.通过及时评价,学生反思自身学习过程中的得失,扬长补短.同时,教师提供学生运用所学知识自主探索与练习的机会,促进学生知识的有效迁移,让学生在练习中内化、固化所学知识,提升思维水平与层次,提高数学核心素养.在教学实践中可以看到,主体阶段的批判分析、整合知识、提取应用等环节常常会反复出现在学习活动中,往往循环往复、交错进行,贯穿于整个学习过程.

---

[1] 陈贻新.皮亚杰发生认识论述论[J].广东工业大学学报,1998,15(3):47—50.

2.4 初中数学深度学习的评价体系

2.4.1 评价体系的理论基础

（一）SOLO 分类理论

SOLO 分类理论是比格斯在皮亚杰的认知理论基础上构建的，根据学习者回答问题时的思维结构或者学习结果的复杂程度，将学生的思维理解水平分为五个层次，由低级层次水平到高级层次水平，依次为前结构水平、单点结构水平、多点结构水平、关联结构水平及抽象拓展结构水平，各个层次内涵见表 2-1.

表 2-1 SOLO 分类的结构层次

学生的思维理解水平	各层次内涵
前结构水平	学习者能积极参与学习任务,但容易被无关知识信息误导
单点结构水平	学习者只能注意与问题的解决相关的一个知识信息
多点结构水平	学习者能运用多个孤立的知识信息去解决问题,知识间缺乏整合,没有建立联系
关联结构水平	学习者能整合所有信息,建立各信息之间的联系,能解决较复杂的问题
抽象拓展结构水平	学习者能在关联结构水平的基础上,对复杂问题全面地理解,能归纳出抽象的特征,并应用到复杂情境中

从 SOLO 分类各层次内涵来看，五个水平的差异可用图 2-2[①] 表示. SOLO 各层次是以螺旋式上升方式呈现的，反映了个体学习能力由浅层到深度、由量变到质变的发展过程. 前结构、单点结构、多点结构三个层次属于知识积累过程，属于浅层学习；关联结构、抽象拓展结构两个层次是理解、整合、抽象、迁移过程，是从量变到质变过程，属于深度学习.

---

① Smith T W, Golby S A. Teaching for deep learning[J]. The Clearing House：A Journal of Educational Strategies,Issues and Ideas, 2007,80(5):205—210.

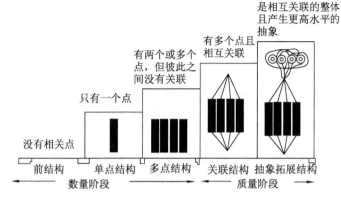

图 2-2 SOLO 分类层次

（二）PISA 数学精熟度水平分类

PISA 是联合国经济合作与发展组织（OECD）发起的国际学生评估项目，现为国际高度认可的、最具影响力的学生学习能力评价项目之一，其中数学素养是 PISA 主要测试项目之一.

PISA2012 数学素养测评采用精熟度水平，对学生的数学学习能力进行评价，见表 2-2.评价者可以更好地分析测评结果，提升测评解释力和可信度[①].

表 2-2　PISA2012 数学素养测评的精熟度水平

水平	该水平最低分数线	OECD 国家（或地区）能完成该水平及以上任务学生的比例	各级水平的学生能做什么
六	669	3.3%	六级水平学生能在复杂情境中研究与建立模型，对获取的信息能进行抽象，并加以运用；能进行高水平推理；能创新方法策略以解决未知情境中的复杂问题；能进行有效的反思，准确地交流解决问题的过程
五	607	12.6%	五级水平学生能在复杂情境中创建和运用模型；能通过比较选择合适的解决策略，并解决问题；能反思解决问题的过程，明确地交流自己的结论；具备良好的思维能力、推理能力、洞察力

---

① 张民选,黄华.自信·自省·自觉：PISA2012 数学测试与上海数学教育特点[J].教育研究,2016(1):35—46.

续表

水平	该水平最低分数线	OECD国家(或地区)能完成该水平及以上任务学生的比例	各级水平的学生能做什么
四	545	30.8%	四级水平学生能在复杂情境中有效运用熟悉的模型;能灵活推理,具有一定的洞察能力;能交流和解释自己的观点
三	482	54.5%	三级水平学生能选择性地运用简单的策略;能简单交流解决问题的过程与结果
二	420	77.0%	二级水平学生能在简单的问题情境中运用基本公式、算法
一	358	92.0%	一级水平学生能明确问题,熟悉相关信息,能得出显而易见的结论

(三)课程标准目标层次分类

《课程标准(2022年版)》中提出,课程目标分为结果目标和过程目标,其中结果目标中使用"了解""理解""掌握""运用"等行为动词描述."了解"是从具体实例中知道或举例说明对象的有关特征,或根据对象的特征,从具体情境中辨认或举例说明对象;"理解"是描述对象的由来、内涵和特征,阐述此对象与相关对象之间的区别和联系;"掌握"是多角度理解和表征数学对象的本质,把对象用于新的情境;"运用"是基于数学对象和对象之间的关系,选择或创造适当的方法解决问题.①

(四)SOLO分类理论、PISA数学精熟度水平分类、课程标准目标层次分类内在一致性分析

简单性和直觉性是SOLO评价工具的突出优点,这让它实际应用广泛.学生掌握、领悟所学知识的水平在PISA测评中得到很好的反映,PISA数学素养测评通过将精熟度水平分为六个不同等级来呈现.《课程标准(2022版)》把结果目标分为了四个层级,这四个层级呈螺旋上升、层层递进关系.通过本课题研究发现,深度学习的最核心特征就是能把知识有效迁移应用到真实、复杂情境中.为能与SOLO分类理论、PISA分类评价相比对,可以把"迁移"看成是在"运用"等级更上位的结果目标.

笔者对SOLO层次水平、PISA精熟度水平、课程标准结果目标之间

---

① 中华人民共和国教育部.《义务教育数学课程标准(2022年版)》[M].北京:北京师范大学出版社,2022.

进行了比较分析,见表 2-3.从表中可以看到 PISA 精熟度水平、SOLO 层次水平、课程标准结果目标在逻辑上具有匹配性,其表征具有内在的一致性,从理论层面论证了它们均切合皮亚杰或新皮亚杰学派的认知模型.

表 2-3 SOLO 层次水平、PISA 精熟度水平、课程标准结果目标比较

学习类型	浅层学习			深度学习	
SOLO 层次水平	前结构	单点结构	多点结构	关联结构	抽象拓展结构
PISA 精熟度水平	水平 1	水平 2	水平 3	水平 4、5	水平 6
课程标准结果目标	了解	理解	掌握	运用	迁移

2.4.2 评价体系的构建

为了确保评价体系的科学性和有效性,笔者在已建构的评价体系基础上,采用德尔菲法,通过专家评定对评价指标本身的有效性进行验证,对不恰当的指标进行修订.同时,笔者所在课题组选取了苏州地区重点初中学校一线专家教师进行了问卷调查,同时咨询了本地教育科学研究院知名专家.课题组先制定初稿,然后发放调查表,再进行统计、整理、修订,最后发送专家审核,初步形成了表 2-4,即初中数学深度学习的评价指标,此指标体系还需进一步实证研究、反复论证.

表 2-4 初中数学深度学习评价指标

学习类型	SOLO 理解水平	目标层次	评价指标描述	符合目标层次的程度			
				不符合	勉强符合	比较符合	非常符合
浅层学习	前结构水平	了解	1. 知道学习的任务,但不知道具体的要求,不知道新学知识点的用途,不能制订学习的计划				
			2. 了解先前学过的知识,但只是知道已学知识是孤立存在的,不知道已学知识与新知识的关联之处				

续表

学习类型	SOLO理解水平	目标层次	评价指标描述	符合目标层次的程度			
				不符合	勉强符合	比较符合	非常符合
浅层学习	前结构水平	了解	3.能根据对象特征,从具体情境中辨别或举例说明对象,但是容易被其他无关信息误导或诱惑,对问题的回答不正确,不能批判理解				
	单点结构水平	理解	1.能描述对象的特征和由来,阐述对象与相关对象的区别和联系,但只能解决与一个知识信息相关的问题				
			2.对教学内容能进行短时的记忆,缺乏对知识的深层次分析和思考				
			3.由于对知识的理解是浅层的,难以形成自身的观点,不能够提出自己的看法和判断,知识无法实现内化				
			4.能从单一情境中提取相关信息,并能利用单一的表征方式				
	多点结构水平	掌握	1.能解答学习任务中与多个知识信息相关的问题,但没有建立这些知识信息的联系,将它们看成多个孤立信息,缺乏有机整合				
			2.在理解信息的基础上,能初步用于新的简单情境,但无法解决复杂情境问题				
			3.能理解和使用基于多个不同情境的表征,并能进行直接推理,不能进行复杂推理				
深度学习	关联结构水平	运用	1.能整合已掌握的相关信息,建立知识间的联系,选择或创造使用适当的途径解决相对复杂、但情境相对熟悉的数学问题,在复杂的情境下还不能有自己独特的见解和判定				
			2.能娴熟运用技巧进行灵活推理,能从多个方面解决学习任务,并能从多个要点之间寻找联系,最后形成完整的、有逻辑意义的独立解释和观点				

第 2 章 初中数学深度学习概述

续表

学习类型	SOLO理解水平	目标层次	评价指标描述	符合目标层次的程度			
				不符合	勉强符合	比较符合	非常符合
深度学习	抽象拓展结构水平	迁移	1. 能对学习任务作出具体的、系统的、完整的、有逻辑意义的解答,能结合已有经验和理解,提出自己独特且有创新的观点				
			2. 能够对复杂问题情况进行研究和建模,并加以抽象、概括和运用				
			3. 能进行高水平的数学思维和逻辑推理,提出新的策略,解决陌生而且复杂情境问题				
			4. 能准确地表述和交流自己的研究发现和观点,并能对实际情境的适应性进行反思,具备批判性思维特征				

2.4.3 评价体系应用示例

笔者曾撰写了一篇获得省级评优课一等奖的教学案例,课题是"直角坐标系",笔者引导学生从实际问题出发,深入探究,归纳并抽象出核心概念.限于文章篇幅,为介绍初中数学深度学习的评价体系的应用,笔者从三个片段中节选部分教学环节示例,以供参考(表 2-5).

表 2-5　初中数学深度学习的评价体系应用示例

学习类型	SOLO理解水平	目标层次	示例	符合目标层次的程度
浅层学习	前结构水平	了解	师:先播放一个短片介绍需确定的点的位置的事例.在北京路上,将中心广场作为参照(图1),请描述游乐园、博物馆的具体位置. 博物馆　　50 m　　中心广场　　30 m　　游乐园 北京路　　　　　　　　　　　北京路 图 1 生:游乐园应该是在中心广场的东面 30 米处,而博物馆应该在中心广场的西面 50 米处.	

续表

学习类型	SOLO理解水平	目标层次	示例	符合目标层次的程度
浅层学习	前结构水平	了解	备注：学生能根据已学知识和具体情境回答教师的提问，但不知道已学知识与新知识之间的联系.此时学生的学习处于前结构水平，属于浅层学习.	非常符合
	单点结构水平	理解	师：大家都能明确具体方向和距离，我们把北京路看成是一条直线，那么如何判断直线上的点的具体位置？ 生：利用数轴，游乐园位置为30，中心广场位置为0，博物馆位置为-50. 备注：学生理解数轴的用途，并能运用数轴来解决实际情境问题，但问题情境还是比较单一的，学生对知识的理解属于浅层的.此时学生的学习处于单点结构水平，属于浅层学习.	非常符合
	多点结构水平	掌握	师：运用数轴可以确定直线上点的具体位置，那么假如在北京路的附近有一个音乐喷泉(图2)，能否确定平面内的点的具体位置？如果把中山路与北京路看成互相垂直的两条直线，那么如何来判定音乐喷泉的具体位置？ 生：音乐喷泉应该在北京路的北边，同时在中山路的西面. 师：我们是否可以判定音乐喷泉的具体位置呢？ 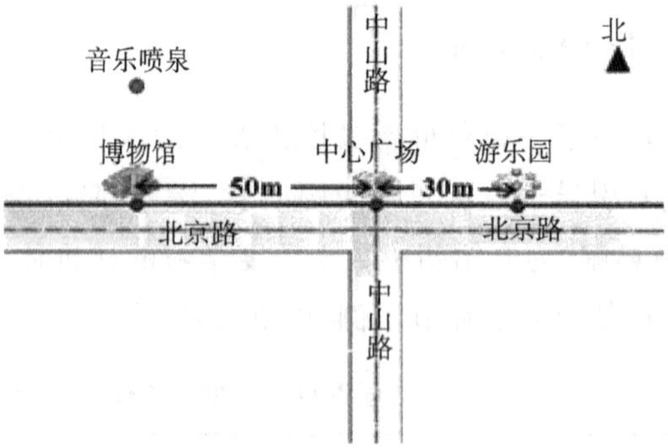 图2 生：不能确定，还缺少距离. 备注：学生将在图1中运用数轴来解决问题的观点运用到新的问题情境中，并能解答教师提出的多个问题，但问题情境还是相对比较简单的，学生对知识的理解还是浅层的.此时学生的学习处于多点结构水平，属于浅层学习.	非常符合

续表

学习类型	SOLO理解水平	目标层次	示例	符合目标层次的程度
深度学习	关联结构水平	运用	师：如果我们把北京路看成是一条水平的数轴，中山路的西面50 m是否可以用一个实数表示？北京路的北边30 m又如何表示呢？ 生：中山路的西边50 m可用－50来表示，北京路的北面30 m可用＋30来表示． 师：为什么北京路的北面30 m用＋30表示？ 生：只要把中山路看成一条以垂直向上方向为正方向的数轴，十字交叉路口为公共原点． 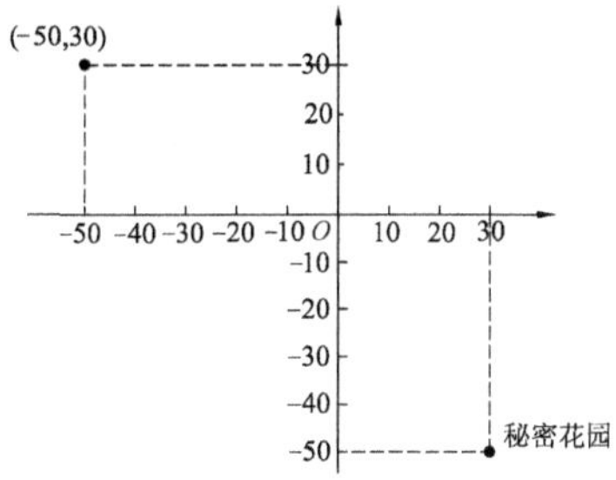 图3 备注：学生整合已学知识，在教师的引导下，体验建立直角坐标系的本质，实现从认知上的一维向二维的转化，是一个思维的飞跃．但鉴于问题情境和问题设置还是相对比较浅显的，此时学生的学习处于关联结构水平，属于深度学习．	比较符合
	抽象拓展结构水平	迁移	师：在直角坐标系中，由有序数对(a,b)可以得到一个点P的位置，该如何确定点P的位置呢？ 生：过x轴上表示数a的点作x轴的垂线，再过y轴上表示数b的点作y轴的垂线，两条垂线的交点就是要找的点P． 师：那么像这样的垂线我们各能画多少条？能说出原因吗？ 生：1条，因为过一点有且只有一条直线和已知直线垂直．教师运用多媒体几何画板工具，尝试改变a,b的数值，观察P点位置的变化，得到结论，只有当a,b的数值确定时，P点的位置才不会发生变化． 师：从刚才演示中，我们可以看出，在直角坐标系中，有序实数对可以确定点的具体位置． 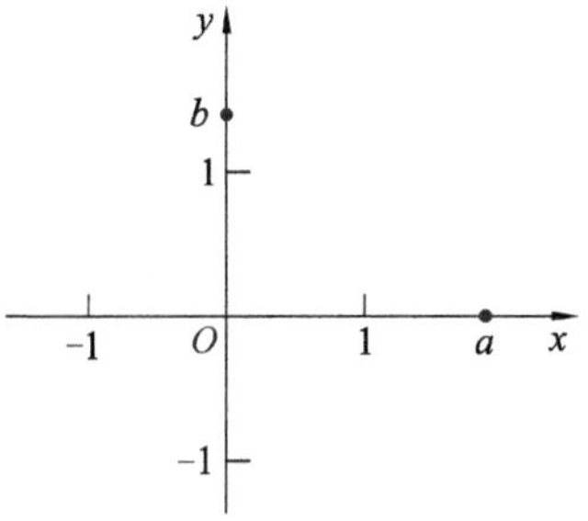 图4	非常符合

续表

学习类型	SOLO理解水平	目标层次	示例	符合目标层次的程度
深度学习	抽象拓展结构水平	迁移	备注：学生对平面直角坐标系的概念有了全新的、整体的初步认识，通过教师引导，学生操作，体验由数对寻找点的位置，并归纳出有序实数对可以确定点的位置，体验数与形的结合．后面学生运用类比思想，将由数对找点的方法迁移到如何由点寻找相对应的数对，最后得出平面内的点与有序实数对一一对应的结论．此时学生的学习处于抽象拓展结构水平，属于深度学习．	非常符合

2.5 初中数学深度学习的实施意义

2.5.1 初中数学深度学习有助于促进教学质量的提升

初中数学深度学习对教师教学设计、教学实施、教学评价等均提出了新的挑战,需要教师精心研究一类主题、一类专题等,从中精选出富有挑战性的学习主题,通过教学实施,激发学生的好奇心和探索欲,使学生在学习过程中发挥主动性,提高学生的参与度,增强学生的学习动力,这样的探索和引领有助于提升学科教学质量.深度学习强调过程性评价,实时动态反馈,教师能够及时了解学生的学习进展,并根据学生的学习情况调整教学策略,不断优化教学方法,提升教学质量.深度学习还强调反思性学习和迁移性应用,学生通过反思、总结和提炼,达成对知识的整体性、系统性理解,形成数学学科知识体系.同时,教师引导学生评估自己的学习策略和成果,这有助于学生识别学习中的不足.通过反思,学生能提高自我调控能力,不断优化学习策略,达成知识的迁移运用,提高深度学习能力.

2.5.2 初中数学深度学习有助于促进学科素养的发展

初中数学深度学习的发生既关注学生数学学习的过程,也关注学生数学学习的结果.从过程来看,初中数学深度学习关注学生理解、关联、迁移、应用、质疑等过程;从学习结果来看,初中数学深度学习关注学生把握知识的本质、内在的联系和在新情境中的应用等,还关注学生对知识承载的数学思想、数学核心素养之间关联的理解.《课程标准(2022年版)》提出抽象能力、运算能力、几何直观、空间观念、推理能力、数据观念、模型观念等七大核心素养,同时教师还需关注并发展学生应该具备的应用意识、创新意识.

数学知识的本质都可以从核心素养的角度加以诠释,初中数学深度学习就是通过引导学生深入探究数学核心的本质,并不断追问、不断探索、不断反思,从而让学生深入理解数学知识背后的逻辑和原理,进而推动学生数学素养的发展.在数学教学中,教师要通过整体设计、强化整合,摸索恰当的教学方式,引导学生实现理解性学习、批判性思考及对数学本质的认识,最终形成创新意识和应用意识.

2.5.3 初中数学深度学习有助于促进学习效果的提升

初中数学深度学习与学生学习效果之间存在着密切的正相关关系.教师可以通过引导学生深入探究知识的本质,帮助他们建立起对复杂概念的深度理解,培养数学高阶思维能力,包括批判性、系统性、整体性等思维能力,这些思维能力的提升有助于学生理解力的提升.教师可以创设数学问题情境,通过问题变式、概念提炼、知识总结等教学过程,让学生在探究中建构知识体系和核心概念,使学习变得更加生动和有趣,从而激发学生内在的学习热情,有助于增强学生学习数学的动力.初中数学深度学习要求学生独立思考和自我探究,在这样的学习过程中,引导学生学会目标管理、过程管理、结果管理,让学生学会自我评估和自我调节,在深度学习的过程中,逐渐成长为具有独立思考能力、创新精神和终身学习能力的独立个体.深度学习不仅优化了学生的学习体验,还促进了学生学习效果的提升.

2.5.4 初中数学深度学习有助于促进学习方式的优化

初中数学深度学习强调学生对数学知识的本质和核心概念的深度理解,强调提高学生的思维水平和迁移应用能力.传统的对知识进行机械识记、反复练习、模式套用的浅层学习方式,已远不适应当前人工智能时代的需求,这需要学生不断优化学习方式,探索更多有效的学习方式.深度学习强调学生主动探索数学概念和本质,而不是仅仅依赖教师的讲授,这种自主学习的主动性可以优化学生的学习方式;在深度学习情境中,还强调师生、生生合作,在面对复杂情境中的问题时,需要师生、生生之间相互沟通、相互研讨,从众多观点中提炼出解决问题的方案,这种合作探究方式可以优化学习方式;深度学习还为学生提供了探究数学问题本质的机会,使学生形成探究性思维、批判性思维,学会质疑、分析、调节、反思等学习策略,这种探究方式可以优化学生学习方式.除此之外,深度学习还能增强学生学习动力、提升元认知技能、培养创新思维和个性化学习方式,这些又进一步促进了深度学习的效果.

2.5.5　初中数学深度学习有助于促进教师专业的发展

初中数学深度学习强调对数学核心概念和知识链的整体把握,这对教师对数学学科知识的理解深度、广度和宽度提出了更高的要求.因此,初中数学深度学习对促进初中数学教师专业知识的发展、专业素养的提升有积极的促进作用.初中数学深度学习要求教师从传统的知识传授者转变为学习引导者、合作者和促进者,这种角色的转变促使教师不断更新教学理念,创新教学方法和策略,不断更新教育理论和教育技术工具,提升专业素养.初中数学深度学习的实施,不仅需要教师提高个体的学科素养,同时也需要教师之间的研讨和互动,这些将改变教师个人独立备课的情形,也成为校本教研、区域教研的主要内容,使得教师在教研碰撞中提高专业素养和教学能力.总之,初中数学深度学习对教师的专业发展提出了更高的要求,教师可以通过不断学习和实践,提升自己的专业素养,更好地促进学生的深度学习,实现教学相长.

第 3 章

指向初中数学深度学习的促进策略

3.1 指向初中数学深度学习的元认知训练教学策略

3.1.1 元认知的概念

董奇提出的元认知概念得到了国内外学者的认同,他将元认知分为三个方面:(1)元认知知识,即对学习主体因素、学习任务、认知策略及自身认知能力的了解;(2)元认知体验,是指学生在认知活动中的情感体验和认知意识;(3)元认知监控,即对认知活动的计划、监控、评价与调节,以达到预定的活动目标[1].在实际的认知活动中,三者是相互联系、相互影响和相互制约的.

3.1.2 数学深度学习元认知训练的维度、因素、内涵和目标

在具体学科教学中,西方教育心理学领域从 20 世纪 80 年代初兴起的学习策略的元认知训练,大大促进了课堂教学的改革,取得了良好的效果[2].在美国的学校中,元认知训练越来越呈现出课程化、系统化和科学化的趋势[3].在国内,关于课堂教学中的元认知训练的研究仍处于起步阶段.

在教学中,一般会结合具体知识讲授进行元认知训练,主要训练学生对自己学习过程的监控与调节能力,让他们能根据学习材料的特点选用合适的策略,以快速实现学习目标.我们通过大量文献研究与探讨,提出了数学深度学习元认知训练的维度、因素、内涵和目标[4],见表 3-1,以期探求课

---

[1] 董奇.元认知与思维品质关系性质的相关、实验研究[J].北京师范大学学报(社会科学版),1990(5):51—58.

[2] 唐卫海,孙秀宇.学习策略的元认知训练对学习成绩的影响[J].天津师范大学学报(社会科学版),2006(1):74—79.

[3] 姜英杰,程利,李广.美国学科教学中的元认知能力训练[J].外国教育研究,2003,30(5):55—57.

[4] 戴健.元认知训练促进初中生数学深度学习的实践与认识:以翻折与轴对称图形的教学为例[J].中学数学月刊,2017(8):22—28.

堂教学改进的策略.

表 3-1 数学深度学习元认知训练的维度、因素、内涵和目标

维度	因素	内涵	目标
元认知知识	主体	对自身及他人认知能力与特点的认知	使学生了解自己与同伴认知能力的现状及其特点与差异
	任务	对在完成认知任务或目标中所涉及的各种有关信息的认知	使学生明确任务的目标、要求与相关信息
	策略	对在完成认知过程中各种有关策略知识的认知	使学生了解并掌握各类知识相应的学习策略及应用技巧方面的知识
元认知体验	意识	个体对认知活动的有关情况的察觉和了解	帮助学生体验在完成数学学习任务过程中产生的认知
	情感	伴随认知活动的一种情绪体验	帮助学生体验在完成数学学习任务过程中产生的情绪
元认知监控	计划	在认知活动前,根据任务特性,制订完成计划与步骤,考虑可选择的策略,并预计执行的结果	使学生在完成任务前,形成解决问题的大概计划与步骤
	调控	对认知活动进程、成效进行监控与及时调整	在任务进行过程中,使学生能够根据学习材料及自身认知特点,对计划进程、解决问题的方法和策略进行监测
	评价	对认知活动的过程、认知活动的结果进行及时评价	在任务进展过程中,使学生能对自己完成任务的过程作出及时的反馈或补救
	反思	在认知活动完成之后,对整个认知过程进行自我总结与反思,得出经验教训	使学生能在学习任务完成后,对学习过程进行回忆、评价和总结,如类比、归纳、深入发掘知识间的内在关联等

3.1.3 初中数学深度学习与元认知训练的相互促进作用

(一) 元认知训练对初中数学深度学习的促进作用

元认知训练依托课堂,并结合课堂教学内容进行元认知知识讲授与元认知技能训练,通过学生对自身学习过程的反思,帮助学生分析优劣、学习

活动中的不足,并作及时调整,促进学生对知识主动建构、深度理解、批判接受、迁移应用,从而有效解决复杂问题,进而促进深度学习的实现. Nelson Laird 等人认为,深度学习包括高阶学习、整合性学习、反思性学习三个相关联的部分.相对而言,反思性学习是实现深度学习的更为重要的形式,深度学习具有明显的反思性.反思是元认知监控中的一个重要因素,元认知监控又是元认知训练的三个维度之一.可以说,元认知训练是深化对概念的理解,促进知识体系的扩充与重构,实现知识的有效迁移,进而促进深度学习的一个重要方法,是实现深度学习的有效途径.

(二)初中数学深度学习对元认知能力发展的促进作用

元认知能力从广义上讲,就是对认知的认知和控制能力.数学元认知指的是人们对数学认知活动的认识和控制,教育界普遍认为数学元认知在数学认知过程具有重要作用.研究者调查发现,学生数学元认知监控等能力随着学生年龄的增长、数学知识的积累而不断发展,甚至延续到大学阶段,具有一定的规律性.深度学习具有批判思维、知识整合、深度加工、主动建构、迁移应用等特征,属于以高水平思维为核心特征的高阶学习.因此可以认为,促进元认知发展是研究深度学习的主要目标之一.问题解决是元认知训练和深度学习的共同的最终目标,提升学生深度学习能力必然会促进其问题解决能力、元认知能力的纵深发展和数学素养的提升.

3.1.4　促进初中数学深度学习的元认知训练过程

(一)促进初中数学深度学习的元认知训练模型

初中数学深度学习作为深度学习在特殊学科领域里一种学习方式,除了具有深度学习的共性特征外,还具有其自身学科的独特特征,图 2-1 中我们归纳出了初中数学深度学习的一般过程模型,分为准备阶段、主体阶段、内化阶段.

本研究中的元认知训练是结合课堂教学内容的元认知知识讲授与元认知技能训练.我们根据初中学生的认知特点及初中数学学科的特点,在深度学习三个阶段分别进行相应元认知训练,包括元认知知识讲授,元认知策略训练,元认知监控、调节训练,元认知内化训练四个主要环节,元认知体验贯穿于整个训练过程.促进初中数学深度学习的元认知训练模型如图 3-1 所示.

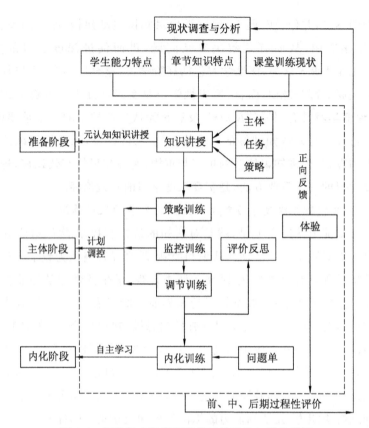

图 3-1 促进初中数学深度学习的元认知训练模型

元认知训练按章节教学进行,具体安排见表 3-2.教师将元认知训练融入日常教学,可以采取明示训练,也可以将其穿插于教学过程中进行示范.

表 3-2 元认知训练安排

环节	内容措施	时间	目的
前期调查	学生元认知能力现状、数学课堂元认知训练现状调查	章节教学前	了解现状,有的放矢
讲座	现状反馈、元认知知识讲座	章节教学第一节课	元认知知识讲授,为章节教学做准备、调动学生积极性
课堂元认知训练	教师示范、学生逐步熟练运用问题单、学生自己设计问题单、课后反馈	章节教学前中期	依托课堂,系统训练

续表

环节	内容措施	时间	目的
中期调查	学生元认知能力现状、数学课堂元认知训练现状调查	章节教学中期	形成过程性评价、及时反馈
课堂元认知训练	结合中期调查,对课堂元认知训练做优化处理	章节教学中后期	依托课堂,系统训练
后期调查	学生元认知能力现状、数学课堂元认知训练现状调查	章节教学末	训练效果反馈
班级交流	学生对元认知训练的感悟	章节教学末	交流提升

(二)促进初中数学深度学习的元认知训练过程阐释

1. 准备阶段

在准备阶段,正式的深度学习还未开始,但这恰是非常关键的阶段.此阶段教师要通过创设教学情境,引导学生激活原有的知识经验、制订学习计划、确定学习目标.为了顺利实现学习目标,教师需要根据每个章节知识特点,在课堂中进行元认知知识讲授或者复习已经了解的元认知知识,这有助于创设促进学生深度学习的学习环境,激发学生学习的兴趣和进行深度学习的动机,为主体阶段的学习做好准备.

2. 主体阶段

深度学习的主体阶段各环节环环相扣、循环往复、交替进行,作为学习活动过程的核心阶段,此阶段要求学习者对正在开展的学习活动进行监控和有效调节,及时发现问题并加以解决,确保学习活动顺利完成.在此阶段中,策略训练、监控训练和调节训练应根据教学任务,结合问题训练单灵活使用,教师向学生讲授、演示在解题或学习过程中,应该如何监控自己的思维过程,及时反思和调整自己的学习策略,从而达到学习目标.

比如,"我们已知哪些条件?还需要知道哪些条件?""我们以前见过哪些类似的问题?""你计划如何解决问题?"等策略训练问题单;"我们离目标是不是近了?需不需要改变目标?""我们采用的解题方法是否合适?为什么?有没有其他解题方法?""顺着这个思路,我们能解决问题吗?""我们碰到的新问题是什么?"等监控问题单;"这个问题我已经完全解决了吗?是否采取了补救方法?为什么?""有没有更好的解决问题的方法?""我们能够举一反三吗?""解决这个问题,我们得到了什么启发?掌握了什么方法?这些方法我们可以用到哪些方面?""这个问题有什么特别之处?有什么一般特征?"等调节问题单.监控训练和调节训练是元认知训练的核心,也是促进学生深度学习过程的主体阶段的有效训练策略.学生要在元认知的指导下,有选择地、批判性地接受新知识,自主建构个人知识结构,将知识转化为技能,并迁移到新的情境中解决复杂数学问题.

主体阶段的评价是对学习活动过程和结果进行动态评价和反馈,反思得失.教师可设计如"我们还可以提哪些问题?""为什么问这些问题?""本节课的学习体会是什么?"等问题单,促进学生知识体系的完善与构建.此时,教师可以尝试引导学生结合自己的解题过程或学习经验谈谈体会,进一步加深学生对元认知训练的认识,丰富学生对元认知的体验,同时反思学习活动中存在的不足之处,并及时采取补救措施,进而有效促进学生深度学习的发生.

3. 内化阶段

内化阶段是学习过程中的"自主"练习与反馈阶段,根据学生掌握情况,教师可以提供问题单,或者让学生尝试设计个性化问题单,并在练习过程中逐步完善自己的问题单,这能促进学生将元认知训练内化为自己的学习过程,及时总结学习过程中的经验,实现知识的有效迁移.

元认知体验会伴随元认知训练整个过程,学生在学习过程中所经历的成就感、挫折感、愉悦感等都随着学习过程的深入不断变化着.积极的元认知体验有助于元认知知识的激活,有助于策略的选择与调控.选择学生容易入手的学习材料、多鼓励学生和及时给出正向反馈都会促进学生积极情绪的培养.

3.1.5 促进初中数学深度学习的元认知训练问题单设计

《课程标准(2022年版)》提出:学生的学习应是一个主动的过程,认真听讲、独立思考、动手实践、自主探索、合作交流等是学习数学的重要方式.教学活动应注重启发式,激发学生学习兴趣,引发学生积极思考,鼓励学生质疑问难.基于元认知训练的教学策略设计可以通过设计元认知训练问题单,以问题链为主线,启发思路,帮助学生建构知识体系、培养良好思维习惯和提升数学能力,使数学课堂的教与学相互统一.元认知训练问题单将学生的思维引向更高的层次,关注到思维过程的生成性,同时将知识的获取与能力的培养有机结合.一个又一个问题的提出、探究和解决,让教学过程不是停留在知识传授的层面上,而是通过元认知训练问题单的指引,让学生获取知识技能,培养学生的问题意识和思维能力,深化知识的学习.以下通过一个案例——圆的切线的综合运用①说明元认识训练问题单的设计.

该案例属于单元复习课,在单元复习结束后,教师可以尝试设计"学生元认知训练问题单"(表3-3),分别从核心问题和反思、自我归纳和评价、总结和迁移三个维度,引发学生对本节课的深度思考,自我反思,让学生研究自己在课堂学习中存在的问题、需要改进的地方及取得的收获.

表3-3 学生元认知训练问题单

课题:圆的切线的综合运用		
1. 核心问题和反思		
本节课学习过程中遇到的核心问题: (可尝试回忆本节课的主要问题)	对核心问题的反思:	仍存在的困惑或核心问题的拓展与延伸(举一反三):
2. 自我归纳和评价		
课堂学习满意之处: (比如课前准备、课堂反思、情绪管理、练习反馈、解题过程等)		课堂学习需要改进之处: (比如课前准备、课堂反思、情绪管理、练习反馈、解题过程等)
3. 总结和迁移		
你对本节课内容印象最深的是什么?你有怎样的收获?(可从以下几个方面谈一谈:① 对一般化、特殊化、分类等数学思想的认识;② 对基本图形重要性的认识;③ 总结复杂图形题解题方法;④ 学习中建立新旧知识间联系的重要性)对今后解决类似的问题有哪些启发?		

---

① 吕亚军.初中数学专题课设计的四个关键点:基于元认知训练促进初中生数学深度学习的理论视域[J].中学数学月刊,2023(8):15—18.

设计意图:传统的课堂总结往往是教师引导学生回顾知识点,回顾本节课印象最深刻的是什么.这样的总结往往难以帮助学生整体把握知识结构.教师在教学中可以通过设计问题单,让学生沿着问题单的指引去思考和总结.限于课堂时间有限,问题单未必可以在课堂完全解决,课后学生可以围绕问题单进行反思和总结,进一步把握知识的整体结构.

3.2　指向初中数学深度学习的情境创设教学策略

《课程标准(2022年版)》提出:教学活动应注重启发式,激发学生学习兴趣,引发学生积极思考,鼓励学生质疑问难,引导学生在真实情境中发现问题和提出问题,利用观察、猜测、实验、计算、推理、验证、数据分析、直观想象等方法分析问题和解决问题.[1]创设数学情境就是呈现给学生具有刺激性的数学信息,启迪思维,激起学生的好奇心、发现欲,诱发质疑猜想,唤起强烈的问题意识.[2]教师作为学习的组织者、引导者,应以学生的认知发展水平和已有的经验为基础,充分创设有效数学问题情境,唤醒学生问题意识,引发学生深度思考.那么如何创设有效的数学问题情境?采取怎样的情境创设教学策略才能引发学生深度思考,激发学生的问题意识和探究欲望? 这就需要一线教师有对教材重整的能力,要善于挖掘有利于学生抽象、领会、掌握、建构新知的数学问题情境.

基于深度学习的情境属性,需创设具有真实性和批判性的课堂情境,学生的思维才会被激活,学生的创新意识、实践能力才会得以培养和提高……深度学习是一种基于问题解决的学习,也是一种基于探究的学习.[3]基于以上观点,笔者尝试从真实生活、实验操作、认知冲突、数学文化、问题探究等五个切入点,结合教学展示课情境创设案例,进行深入剖析,尝试探索深度学习视角下的数学情境创设的有效教学策略.

3.2.1　以真实生活为切入点

教师创设生动活泼的、贴近生活的问题情境,让学生体验数学来源于生活,引导学生学会从生活情境中抽象出数学模型,并解决数学问题,同时让学生感受数学的实际运用价值.实践证明,数学生活化是激发学生学习

---

[1] 中华人民共和国教育部.《义务教育数学课程标准(2022年版)》[M].北京:北京师范大学出版社,2022.
[2] 吕传汉,汪秉彝.论中小学"数学情境与提出数学问题"的教学[J].数学教育学报,2006,15(2):74—79.
[3] 阎乃胜.深度学习视野下的课堂情境[J].教育发展研究,2013(12):76—79.

数学兴趣的关键所在,容易提高学生思维的活跃度和思考的深度,也是提高课堂教学质量、促进学生深度学习的有效策略.

例如,教师给出如下图 3-2 所示的行驶路程、行驶时间及途经的地点.

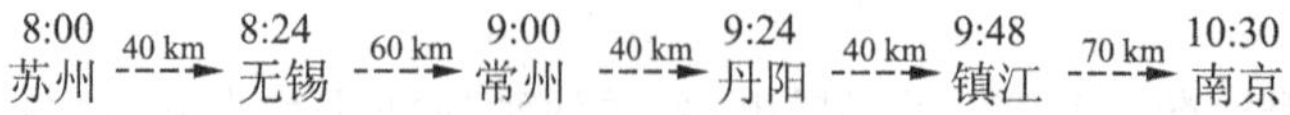

8:00 —40 km→ 8:24 —60 km→ 9:00 —40 km→ 9:24 —40 km→ 9:48 —70 km→ 10:30
苏州　　　　无锡　　　　常州　　　　丹阳　　　　镇江　　　　南京

图 3-2

教师提问:情境中有哪些变量?学生通过分析,得出变量包括已行驶路程、行驶时间、还需行驶的路程.教师引导学生探索任意两个变量之间的关系是不是函数关系,并从列表、图像、函数关系式等三个表达方式的角度出发,逐步探究函数图像的画法、形状等.

以上是笔者开设的苏科版八年级上册"一次函数的图像"第 1 课时展示课的教学片段.原教材中设计的是烧香问题情境,笔者尝试对教材的设计意图进行了重整,建构了跟学生实际相契合的生活情境.情境的设计属于对话式、讲故事式,通过教师讲述,学生能够感受到每一个细节、每一个场景,能充分体验数学来源于日常生活,又应用于生活.这样的教学设计能引导学生学会用数学的眼光观察世界,能提升学生对数学情境的认同感,激发其深度思考,实现深度学习.

3.2.2　以实验操作为切入点

教师创设实验操作型问题情境,引导学生通过操作、观察、探究、感悟、归纳、理解等实践活动,获得感性认知,激发学生的求知欲.数学实验操作能让抽象的数学问题变得直观,促进学生感性思维与理性思维的发展,是促进学生深度学习的一种有效方式,也是发展学生关键能力的有效载体.

例如,教师让学生拿出事先准备好的如图 3-3 和图 3-4 所示的纸片,引导学生比较 AB,BC 的大小.对于图 3-3,学生直接观察发现 AB 比 BC 长.对于图 3-4,学生提出可以使用刻度尺度量.

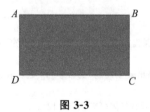

图 3-3 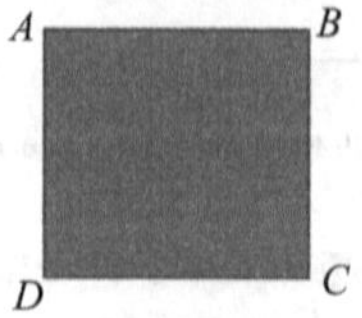　　　　　　　　图 3-4

教师提问：如果没有刻度尺，如何比较图 3-4 中 AB 和 BC 的大小？学生尝试通过折纸的方式进行比较．经过探索发现：可以将纸片沿过点 B 的直线折叠，使 BC 折到 AB 上，观察点 C 在 AB 上的位置．当点 C 在 AB（点 A 除外）上时，AB 更长；当点 A 与点 C 重合时，AB 和 BC 一样长；当点 C 在 BA 的延长线上时，BC 更长．教师指出该办法称为叠合法．

以上是笔者开设的苏科版七年级上册"线段、射线、直线"的教学展示课片段．笔者尝试创设学生非常熟悉的操作环境，即给出一张白纸，引导学生通过折纸，感受当两条线段无法直接通过观察比较大小时，除使用刻度尺外，还可以通过叠合法进行比较．在教学过程中，笔者不是直接告诉学生叠合法概念，而是让学生体验折纸的操作方法，自然生成、领会、归纳新知，使其充分体验做中思、做中悟、做中学．

3.2.3 以认知冲突为切入点

教师创设与学生原有认知结构不相符的问题情境，激发学生寻根问底的学习冲动，再通过引导学生深入探究，让学生的认知实现"不平衡—平衡—内化"．认知冲突能促进学生通过同化和顺应实现认知重构，以获得认知平衡并实现内化、迁移．如果学生没有经历有认知冲突的学习过程，那么学生难以实现深度学习，学生学习的积极性和主动性难以被调动，学习兴趣和热情也很难被激发．

例如，教师提出如何计算面积分别为 1，4，9 的正方形的边长问题，学生容易发现正方形的边长分别为 1，2，3．那么如何求面积分别是 2，3，5 的正方形的边长？学生处于迷茫状态，在教师的引导下，学生能够猜想到正方形的边长一定存在，但不知道是多少．通过探索，学生发现该问题的本质就是研究"$x^2=a$ 时，x 是什么数"的问题．接着，学生发现可以对 a 是零、负数、正数三种情况进行分类讨论．若 $a=0$，则 x 为 0；若 $a<0$，则 x 不存在；若 $a>0$，则 x 有两个值，且互为相反数．于是教师引出平方根的概念．

以上是笔者开设的苏科版八年级上册"平方根"第 1 课时教学展示课的片段．平方根一直是学生非常难以理解的核心概念，它是从有理数到实数数域扩张的一个关键点．教学中，笔者并不是直接告知学生这一抽象概念，而是创设了引起学生认知冲突的问题情境，让学生感受面积分别是 1，4，9 的正方形的边长很容易求解，面积分别是 2，3，5 的正方形的边长肯定存在,但不会求解的尴尬状况.这一情境设计引发了学生的深度思考,激发了学生的好奇心、求知欲,进一步提升了课堂教学的有效性.

3.2.4 以数学文化为切入点

教师创设数学文化类问题情境,渗透数学史料、科学技术、跨学科等知识,旨在提升学生的数学文化素养,传承人类文明,为实现中华民族伟大复兴而努力.近年来,以数学文化作为背景来命题已成为一种趋势,教师应提升自身数学文化素养和跨学科素养,尝试设计以数学文化为背景的问题情境和试题,提升学生解答这类问题的能力,促进学生深度学习.

例如,笔者从数学史料中搜集到美国哥伦比亚大学图书馆收藏了一块编号为"普林顿322"的古巴比伦泥板(图3-5),让学生观察泥板文书表格里的一些整数(图3-6).引导学生观察这些数据的规律,通过探究、推算,发现同一行的三个数据,较小的两个数据的平方和等于最大数据的平方.教师引出勾股数的概念,同时提出古巴比伦人还给我们留下了各种精密复杂的运算表,如倒数表、平方表等,引导学生感受到古人的智慧和结晶.

图 3-5　　　　　　　图 3-6

以上是笔者开设的苏科版八年级上册"勾股定理的逆定理"教学展示课片段.勾股定理蕴含了大量的数学文化史料,笔者结合数学教材,创设了数学文化问题情境,对教材进行了重整,这样学生既感悟到人类的文明成果,又强化了对勾股数的深入理解.数学史是数学学科不可或缺的重要组成部分,教师在教学设计中,要将数学史料充分融入课堂教学,让学生在理解数学知识的同时感受数学美和数学文化.

3.2.5 以问题探究为切入点

教师创设探究性问题链情境,引导学生围绕问题链进行自主学习、合作学习、探究学习.学生通过解决系列问题,实现知识的理解、内化与迁移,从而提高发现问题、解决问题的能力.深度学习是通过经历思维探索,获得深刻体验,实现深度理解的高效学习方式.实践证明,将问题探究类情境运用于教学活动,能引发学生深入思考和深度交流,能有效促进学生深度学习.

例如,笔者给出以下几个式子,并引导学生观察它们的共同特征.
$(x+2)(x+2)=$ _____ ;$(2x+1)(2x+1)=$ _____ ;
$(x+2y)(x+2y)=$ _____ ;$(m+n)(m+n)=$ _____ .

学生通过观察发现,这些代数式都是两个相同的多项式相乘,通过运算得出一般性规律:$(a+b)^2=a^2+2ab+b^2$.接着,笔者引导学生从图形的视角来看这个等式,学生发现等式的左边是边长为$(a+b)$的正方形的面积,等式的右边是边长分别为a,b的两个正方形的面积,与两个长和宽分别为a,b的长方形面积的和.笔者再引导学生从图形的视角对等式进行验证.学生尝试画出图形,如图3-7所示,笔者引导,学生给出证明.

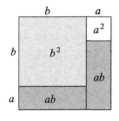
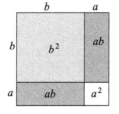

图 3-7

以上是笔者开设的苏科版七年级下册"乘法公式"第2课时教学展示课片段,教师创设探求规律的问题情境,设计了几个具有代表性的表达式,引导学生从数的角度,通过运算、探索、发现、归纳得到一般性的规律,即完全平方公式.同时在教师的引导下,学生从形的角度对完全平方公式给予逻辑论证,进一步加深对完全平方公式的认识、理解和迁移应用,实现深度学习.

数学创新源于数学问题,数学问题的产生离不开一定的情境,培养学生提出数学问题的能力,要以数学情境的精心创设为前提.一个好的数学情境不仅具有丰富的内涵,而且问题要有诱导性、启发性和探索性.[①]创设有效的数学问题情境,其价值在于唤醒学生问题意识,启发学生深度思考,这是培养学生创新思维、深度学习能力的重要途径.教师要充分挖掘教材中的情境创设元素并进行重整,使之与学生的数学认知结构相适应,进一步激发学生的好奇心和发现欲,诱发其质疑、探索、猜想、论证等数学思维的发生,有效吸引学生参与课堂,促进其提出问题、解决问题能力的发展,同时有效提高课堂教学质量.

---

① 夏小刚,汪秉彝.数学情境的创设与数学问题的提出[J].数学教育学报,2003(1):29—32.

3.3　指向初中数学深度学习的系统性教学策略

世间万物皆以系统形式存在和发展,系统是由一些相互关联、相互制约的若干子系统组成的整体.作为初中数学教师,我们要站在系统论的立场,用系统的观点去分析学科知识体系,去探求其内部和外部之间的相互转化、相互联系的结构规律.

3.3.1　初中数学系统性教学的内涵

教学可以看作一个系统,学生、教师、课程是其基本要素,学生的数学学习可以看成一个子系统,学生已有知识、经验、认知水平、情感态度是其基本要素.系统性教学则是运用系统观组织教学,借鉴系统论的基本原理进行教学设计,开展教学对话,评价学生学习,以整体的、联系的、发展的观点促进学生深度思考、迁移应用,达成数学深度学习.

指向初中数学深度学习的系统性教学具有整体性、有序性、互动性、动态性等特征,主要体现为以整体原理处理数学教学内容,以有序原理引导学生进行思考,以反馈原理组织数学学科教学对话,并全方位地帮助学生从数学角度认识、理解和表达现实世界的本质、关系和规律,提升自身的数学素养和数学能力.

3.3.2　初中数学系统性教学的基本原则

(一) 整体性原则

知识具有内在逻辑和结构,教师从系统的视角设计教学,以便唤醒学生已有的认知经验,通过重构和重组,形成有结构、有逻辑、有体系的知识系统.[1]整体性原则就是指基于数学学科知识本身,从部分与部分、整体与部分、结构与功能等方面对数学知识全面把握,以便通过教学引导学生更加深入理解数学知识的本质,强化学生系统性思维和结构化观念,帮助他们突破数学思维中的点状现象.

---

[1] 潘小梅.系统观下"探索直线与圆的位置关系"的教学构建[J].中学数学教学参考(中旬),2021(14):5-9.

(二)关联性原则

基于系统观,将同质事物的学习研究经验进行重组再利用,让学生经历体验和提炼,进一步发展数学思维和数学运用能力.关联性原则就是指数学学科知识本身具备相互联系,呈现螺旋式上升状态,前置知识是后置知识的基础,后置知识是前置知识的补充与提升.在教学中,教师要引导学生从断续走向连续,从散点状走向结构化,形成清晰、有序的思考路径,让数学理解从局部走向全部.

(三)互动性原则

思考性问题是引发学生深度思考、促进学生深度理解的脚手架.思考性问题贯穿整个研究过程.思考性问题通常具备联系性、理解性、拓展性、归纳性等思维特征.[①]互动性原则就是指教学中教师提出或者由学生主动提出一个有价值的思考性问题,引发师生互动、生生互动,通过互动交流、交互反馈,把课堂探究学习由浅层引向深度,进一步提升课堂教学的有效性.

(四)动态性原则

动态性原则是指在课堂教学实践过程中,教学对象内部相互作用和相互影响,教师根据教学互动情况对课堂进行动态调整,课堂呈现动态特征.教师应把数学教学看作一个动态过程,考察数学教学系统内外的各种变化,掌握变化的性质、方向,采取相应的教学措施,改进教法,以实现教学的优化.[②]

(五)重构性原则

重构性原则是指数学学科教材本身是基于学生认知规律和学科规律的,具有顶层性、普适性和底线性,整体难度适中,知识网络清晰,教学中教师要基于学生特点和认知水平,对教材知识进行重组和重整,形成结构化知识体系,便于学生整体把握数学学科本质,形成系统性思维.

[①] 许芬英,潘小梅.学为中心的初中数学思考性问题类型及其设计[J].数学通报,2016,55(10):13-17.

[②] 李聪睿.动态性原则与初中数学教学[J].中学教研(数学),1993(6):26-28.

3.3.3 初中数学系统性教学的设计理念

(一)"六何"认知环理念下的系统性教学设计

"六何"认知环由"从何""是何""与何""如何""变何""有何"六个部分组成."从何"即找准知识的来源;"是何"即了解知识本质;"与何"即联想新知识与旧知识、局部与整体;"如何"即学会运用知识;"变何"即举一反三,触类旁通;"有何"即总结归纳.其中每一"何"都紧扣主题,注重从自我经验出发,形成元认知思考.①

图 3-8

"六何"认知环形成一个认知开口环(图 3-8),教师应加深对主题的整体把握,以期落实数学核心素养,体现系统思维.②

(二)ACT-R 理念下的系统性教学设计

ACT-R 理论由美国心理学家安德森提出,它包含着目标层次理论、激活理论等.基于 ACT-R 理论的单元复习课教学模式分为三个阶段,一是课前目标层次分解,二是课中认知与联结阶段,三是课后的教学检验,详见图 3-9.③

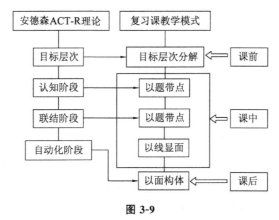

图 3-9

---

① 肖宝莹.基于"六何"认知锥形结构的师范生数学问题设计能力培养的研究[D].桂林:广西师范大学,2017.
② 李欣欣,周莹."六何"认知环理念下的系统性教学设计:以"二元一次方程组的解法:代入消元法"为例[J].初中数学教与学,2021(8):7-9.
③ 唐菲洋,张淼.基于 ACT-R 理论下系统思维的复习课设计:以沪科版九年级数学第 22 章"相似形"的复习为例[J].中学数学,2022(6):24-26.

(三)"情境—问题"系统性教学设计

"情境—问题"教学以培养学生的自主创新意识与实践能力为宗旨,以"情境—问题"教学为核心,以转变学生的数学学习态度和学习方式为动力,把培养学生的问题提出意识、问题解决能力贯穿于教学的全过程.其基本模式如图 3-10 所示."情境—问题"教学的四个环节是相互联系、动态生成的.整个数学教学是在"情境—问题—解决—应用—情境—问题—解决—应用……"的教学链中进行的,这是一个有机联系、前后贯通、不断延伸、开放、动态的教学系统.从系统观点来看,数学"情境—问题"教学是由创设情境、提出问题、解决问题、数学应用四个相互依存、相互联系的因素构成的一个模式系统.①

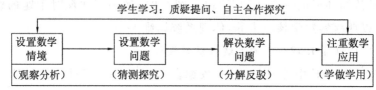

图 3-10

3.3.4 初中数学系统性教学的课型

(一)单元主题整合课

单元整合课教学突破了传统教学课时的限制,结合单元知识目标,对教材进行重整和规划.教师在单元教学设计过程中,要始终以单元核心目标为主线.从学生初学单元知识时如何分析、创设情境,解构解题思路,到整个单元知识学完,通过借题发挥,对知识进行深度融合,开拓解题思路,再到深度探索解题规律,提高学生综合运用能力,精炼解题思路,进一步将知识融合化、整体化、结构化,都要聚焦单元核心目标,从而帮助学生构建完整的知识框架,为发展学生的系统思维力提供更多帮助.②

---

① 徐兆洋,吕传汉.系统观视野下的中小学数学"情境—问题"教学[J].数学教育学报,2008,17(4):86—89.

② 游永全.基于单元整合教学的高中数学系统思维力培养——以"解三角形"单元为例[J].福建教育学院学报,2023(6):16—18.

(二) 概念主题新授课

概念主题新授课教学是指基于原有数学认知系统,用整体建构的方式展开教学,力求达成"四基"和核心素养的发展.印冬建提出可以从创设问题情境、设计多元活动、强化文图转译、做好归纳小结等四个方面进行概念新授课教学,他认为可以通过系统观来指导数学教学,进一步完善学生的认知系统.①

(三) 单元主题起始课

单元主题起始课分为两类,一类是模块起点类知识的单元起始课,对于此类课教学,教师要引导学生获取一般的研究方法、研究路径.另一类是节点下知识的单元起始课,相比模块起点类知识的单元起始课,在教学这类课时,学生已经有了一定知识基础和方法,教师要厘清与同层级知识的并列关系及从属关系.②

(四) 模型主题建构课

模型主题建构课是将现实问题情境抽象成数学模型,并利用数学方法求解,其实质就是将实际问题中的各种要素和变量通过关系模型和方程式进行描述,以便于学习者对问题实质的深度分析和解决.③刘雪萍认为可以从把握学科本质、强化建模意识、立足生活实际、感悟建模过程、巧借数学实验、发展模型思想、注重发散思维、提升建模能力、加强学科融合、重视建模应用等方面提出模型建构观点,并提出要将数学建模素养融入实际教学,提高学生运用数学模型解决问题的能力.④

3.3.5 指向初中数学深度学习的系统性教学设计

(一) 重视单元整体设计,实现知识有效整合,优化数学知识系统

初中数学单元整体设计是基于整体思维,结合学生已有知识经验,对数学单元内容进行分析、审视、整合,形成系统性教学设计,通过探究、变式等教学策略进行有效实施,优化学生知识系统,促使学生对知识系统把握

---

① 印冬建.基于系统观的新授教学——以人教版"18.1 平行四边形"为例[J].中学数学,2017(3):3-5.
② 孙乐彤.基于结构化教学的初中数学单元起始课教学设计研究[D].烟台:鲁东大学,2021.
③ 曾文玲.初中数学应用题教学中数学建模法的应用[J].教育管理与教育研究,2023(22):81-84.
④ 刘雪萍.核心素养视角下的初中数学建模教学策略[J].数学教学通讯,2023(29):76-78.

和整体思考,并达成知识结构化及迁移应用,通常以单元复习课、单元起始课、专题复习课等形式呈现.结合单元设计的内涵及课堂实践情况,笔者认为初中数学单元整体设计的一般过程如图 3-11 所示.

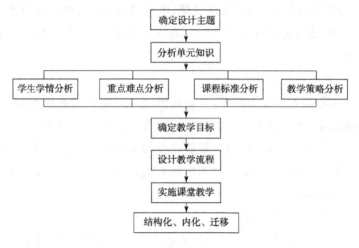

图 3-11

以下是笔者一节市级公开展示课"反比例函数"专题复习教学片段.

如图 3-12,在 Rt△ABC 中,AC⊥x 轴,垂足为 C,AB 边与 y 轴交于点 D,反比例函数 $y=\dfrac{k}{x}(x>0)$ 的图像经过点 A.已知 $AC=8, BC=4$.

问题 1:若点 D 是 AB 边的中点,求直线 AB 和反比例函数的表达式.

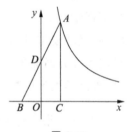

图 3-12

说明:问题 1 属于基础题,学生易得到 $A(2,8), B(-2,0), D(0,4)$,可得直线 AB 和反比例函数的表达式分别为 $y=2x+4, y=\dfrac{16}{x}$.

问题 2:如图 3-13,过点 D 作 y 轴的垂线,交反比例函数的图像于点 E,交 AC 边于点 F,连接 CE.若 AB∥CE,求 k 的值.

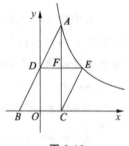

图 3-13

说明:问题 2 是反比例函数、图形的相似、四边形的综合问题,可以假设 $A\left(\dfrac{k}{8}, 8\right), E\left(4, \dfrac{k}{4}\right)$,

可得 $k=16$.

问题3：如图3-14，将 AB 边沿 AC 边所在直线翻折，交反比例函数的图像于点 E，交 x 轴于点 F. 若点 E 的纵坐标为2，求 k 的值.

说明：问题3是将图形的变换与反比例函数融合编制的问题，可以假设 $A\left(\dfrac{k}{8},8\right)$, $E\left(\dfrac{k}{2},2\right)$, 根据图中关系可得 $\dfrac{k}{2}-\dfrac{k}{8}=3$，所以 $k=8$.

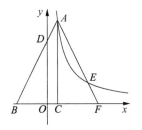

图 3-14

问题4：如图3-15，若点 E 坐标为 $(2,n)$，点 F 坐标为 $(m,4)$，其他条件保持不变，求 k 的值.

说明：问题4是通过改变点 A 的位置做进一步变式，易得 $\dfrac{2m}{6-m}=2$，所以 $m=3,k=12$.

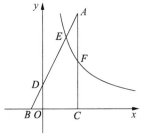

图 3-15

以上课例是一节初三专题复习课，笔者未采用从概念罗列到小题训练的复习模式，而是从基本图形出发，将章节知识和已学过的四边形、相似图形、几何变换等知识融合在一起，通过图形形状微调整，形成系列变式问题，让学生在变式探究中了解反比例函数的综合运用，感悟单元设计教学理念，进一步厘清知识横纵关联，体验从整体视角去发现数学的本质，逐步形成结构化思维和系统性观念.

（二）遵循知识内在逻辑，设计有序问题链，优化数学问题系统

设计有序问题链是教师根据教学目标和学生学情，将数学教材知识转化为具有层次性、系统性、有序性的一组数学问题，通过与学生进行问题交流、互动，引发学生深度思考，其目的是发展学生的关键能力和核心素养. 数学问题链是数学知识结构的表现形式，是数学教学中围绕某一问题进行渐进式、全方位的设问而形成的一连串问题.[1] 数学有序问题链通常遵循"核心问题—主干问题—子问题"这一顺序设计，问题呈现层次性、有序性等特征，子问题之间存在相互关联、前后连贯的关系，所有的子问题又服务于主干问题，最终达成核心问题的解决，如图3-16所示.

---

[1] 朱晓祥.指向深度理解的问题链教学设计研究[J].数学通报,2024,63(2):20-24.

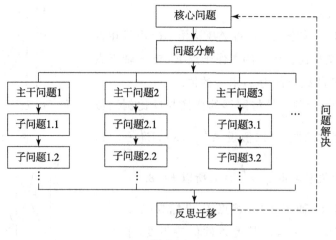

图 3-16

下面是笔者一节师范生公开展示课"一元一次不等式"复习课的教学片段.

主干问题 1：与运算相关的问题.

子问题 1.1：解 $2(x-3)<1$，并把解集在数轴上表示出来.

子问题 1.2：解 $2(x-3)<\frac{x+1}{2}+1$，并把解集在数轴上表示出来.

子问题 1.3：解 $2(x-0.3)<\frac{x+0.1}{0.2}+1$，并把解集在数轴上表示出来.

主干问题 2：与解和解集相关的问题.

子问题 2.1：试判断方程 $2(x-3)=1$ 的解是否为 $2(x-3)<x+1$ 的解.

子问题 2.2：试求满足 $2(x-3)<1$ 的所有正整数解.

主干问题 3：与绝对值相关的问题.

子问题 3.1：若不等式 $2(x-3)<1$ 成立，化简 $2\left|x-\frac{7}{2}\right|-|x-3|$.

子问题 3.2：若不等式 $2(x-3)>1$ 与 $2(x-3)\leqslant x+1$ 均成立，试求出 $\left|2\left|x-\frac{7}{2}\right|-7\right|$ 的最小值.

主干问题 4：与方程相关的问题.

子问题 4.1：若 $2(x-3)=m$，且 $x+m>2$，试求 m 的取值范围.

子问题 4.2：若 $2(x-3)=m$ 与 $2(x-3)=x+1+m$ 的解的和为非负

数,试求 m 的取值范围.

主干问题5：与不等式相关的问题.

子问题5.1：若关于 x 的不等式 $2(x-3)>m$ 的解集为 $x>2$,试求 m 的值.

子问题5.2：若关于 x 的不等式 $2(x-3)>m$ 与 $2(x-3)<4(x+1)+1$ 的解集相同,试求 m 的值.

子问题5.3：若关于 x 的不等式 $2(x-3)>m$ 的所有解均满足 $2(x-3)<4(x+1)+m$,试求 m 的取值范围.

主干问题6：与含字母系数相关的问题.

子问题6.1：若关于 x 的不等式 $2m(x-3)>x+m$ 的解集为 $x<2$,试求 m 的值.

子问题6.2：若关于 x 的不等式 $2m(x-3)>mx+n$ 的解集为 $x<2$,试求 $mx>n$ 的解集.

这节课是笔者在学生学完一元一次不等式的解法后,开设的一节阶段性复习课,需要研究的核心问题是一元一次不等式综合运用.笔者将核心问题分解成六个主干问题,每个主干问题又设置了系列子问题.子问题有梯度、有层次,呈现有序性、梯度性,课题设计结构示意图如图3-17.不同类型的主干问题的实质就是一个个微专题,围绕微专题设计系列有序子问题,优化数学问题系统,引导学生在掌握基础知识、基本技能的基础上,体

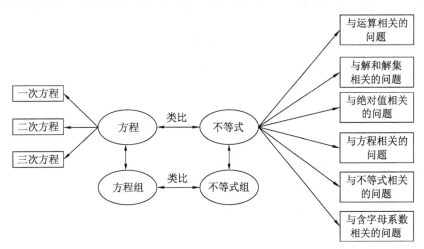

图 3-17

验有序问题链引发的思维碰撞和深度思考,将核心问题、核心概念的探究向纵深发展,促使学生形成系统性、整体性、结构化思维方式.当然问题链的设计对教师基本素养、专业能力的要求较高,这需要教师加强研究,提高专业素养和教学水平,促进课堂教学走向深度.

（三）注重知识结构内化,强调课堂动态反馈,优化教学策略系统

课堂动态反馈是指在课堂里师生就某些问题进行交流互动、深入探索,通过动态交流,促使学生更有效地掌握学科知识.互动环节是课堂教学中不可或缺的重要环节,往往贯穿在整节课始终.课堂教学中教师要创设问题情境,选择恰当的时机,通过设置有思考价值、有思维深度的数学问题,引发学生深入思考、碰撞思辨、动态反馈,拓展学生对学科知识理解的深度和广度,优化教学策略系统.根据教学目标和学科知识要求,课堂动态反馈包括学情摸底动态反馈、复习提问动态反馈、知识理解动态反馈、重难点突破动态反馈、易错问题预警动态反馈、变式练习动态反馈、巩固训练动态反馈等.结合课堂教学实践,师生动态反馈过程通常见下图(图 3-18).

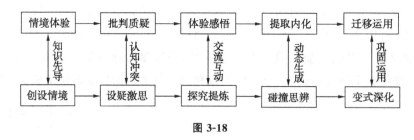

图 3-18

下面是笔者一节省级公开展示课"一次函数的图像"新授课教学片段①.

笔者尝试引导学生画出 $y=2x+1$ 的图像并探索一次函数图像的形状.

师:请在平面直角坐标系中描出点$(-2,-3)$,$(-1,-1)$,$(0,1)$,$(1,3)$,$(2,5)$,并观察这些点的位置.

(学生尝试描点,并观察这些点的位置情况)

---

① 吕亚军.积淀与跃升:基于知识生长点视角的初中数学课堂教学优化路径:以一节省级公开课"一次函数的图像"为例[J].数学通报,2023,62(5):21—25.

师：通过观察这些点的位置，你们能猜想出一次函数 $y=2x+1$ 的图像的形状吗？

（学生一致认为很可能是一条直线）

师：能否更大胆地猜想？

生1：所有函数的图像都是一条直线．

生2：所有的函数关系都能用直线的表达式来概括．

生3：所有一次函数的图像都是一条直线．

（生1和生2的表达虽有缺陷，但属于原生态的回答，符合学生认知水平和数学表达能力，其动态反馈情况恰是教学中最宝贵的素材）

在尝试画一次函数 $y=-x+2$ 的图像时，教师引导学生通过列表寻找有序实数对，教师跟学生进行了互动交流．

师：如何选择 x,y 的值呢？

生：可以先确定 x 的值，y 就可以直接得到，因此关键是先选好 x 的值．

师：很好！你们是怎么选取的？

生1：x 可以选 $1,2,3,4$……

生2：x 也可以选 $-1,-2,-3,-4$……

生3：我觉得 x 还可以选……$-4,-3,-2,-1,0,1,2,3,4$……

（通过三位同学的回答对比研究，教师引导学生观察研讨发现 x 的取值通常按照从小到大的顺序，选取的正数和负数最好互为相反数，这样选取的数值在直角坐标系中更有"对称美"）

这节课是"一次函数的图像"新授课，教学中笔者采取开放式的提问，引导学生去探索一次函数图像的画法以及有序实数对如何选取．虽然学生的回答有较多出乎笔者意料之外，不在教学预设之内，但这恰恰反映了学生真实的想法，这样的课堂是灵动的、动态的、生成．开放式的课堂更符合学生认知，更有利于学生轻松化解认知冲突，但引发交流互动的问题需要教师精心设计，要设计有思维深度、有思考价值、有丰富内涵的数学问题．

3.3.6 指向初中数学深度学习的系统性教学策略的原则

(一) 加强整体设计,彰显系统性教学整体性原则

数学知识本身是一个知识系统,各知识之间具有内在一致性、关联性及学科整体性,教师需从整体进行单元教学设计.只有让学生掌握知识的发展过程,整体把握知识逻辑体系,从纵向链式结构、横向网状结构等全方位领会知识结构,才能帮助学生打通学科知识链接路径,形成完整的知识体系,发展数学核心素养.单元整体教学要让学生理解本单元学什么、为何学、如何学,掌握研究问题的一般方法,只有让学生经历数学活动,才能有效构建单元整体教学.[①]教学中,教师要基于整体性原则,对课堂教学精心整体设计,创设切合学生认知的数学教学活动,让学生感悟系统性教学的基本路径和研究框架,体验数学思考、探索、推理的科学研究方法,培养系统观念和整体思维学习品质,提升数学学科素养和关键能力.

(二) 加强问题引领,彰显系统性教学有序性原则

数学课堂是师生共同探求数学真理的主阵地,教师要为学生创造足够开放的互动空间,创设引发学生思考、求真的数学问题情境,精心设计有序问题链,通过问题引领,引发学生深度思考和深入探索,让学生在互动中自然生成新知.生成性课堂需要教师舍得留给学生时间和空间去大胆尝试,探寻问题的核心与本质.而探究与实践的过程也是思维发展的历程,更是生命成长的过程.[②]有序问题链的设置直接关系到学生思维的广度和深度,也直接影响到教学的质效,教师要尝试在学生"最近发展区"设计问题链,要体现问题链的逻辑性、有序性,但要规避重复无效的问题.问题链往往遵循"核心问题—主干问题—子问题"的设计原则,体现学生的思维过程、知识发展过程.教师要尝试探索基于问题链的探究式教学模式,让学生有明确的问题探究方向,促使其在深入探究中把握数学学科本质.

(三) 加强课堂互动,彰显系统性教学反馈性原则

课堂互动是系统性教学中的一个重要组成部分,是指师生、生生之间

---

① 余丹.构建单元整体教学 落实数学核心素养:以"反比例函数"章起始课为例[J].中学数学教学参考,2023(14):24—27.

② 董伟丽.合理设置 有效生成:例谈"问题链"在数学课堂教学中的应用[J].中学数学,2023(24):94—95.

在课堂中的有效沟通和互动交流,教师通过交流互动来促进学生对知识的理解和掌握.而在传统的初中数学课堂,教师往往采用"直接告知"式教学模式,教师讲授偏多,忽略了学生学习的主体地位,学生成为被动的知识接受者,课堂显得生硬、枯燥乏味,缺乏生命力、生长力.建构主义理论认为学生通过与他人的互动和交流,可以构建和重构自己的知识体系.在课堂互动中,教师的角色应转变为引导者和促进者,帮助学生在互动中发现问题、解决问题,从而实现知识的主动建构.因此,在教学中,教师要基于反馈性原则,尝试设计开放式、探究式的问题,为学生创设生动的、可生长的、互动性的教学情境,引导学生积极参与课堂讨论、思辨探索,通过交流互动、动态反馈,加强元认知监控和调节,让学生感悟师生互动、生生互动的情感体验,进一步提高课堂教学的有效性.

《课程标准(2022年版)》提出:遵循学生身心发展规律,加强一体化设置,提升课程科学性和系统性.①因此,教师要继续加强学科教学研究,探索数学系统性教学和深度学习深度融合,探索指向数学深度学习的系统性教学策略、评价体系等,进一步优化学科教学模式和有效教学策略,着力培养学生正确价值观、必备品格和关键能力,发展学生数学核心素养.

---

① 吕传汉,汪秉彝.论中小学"数学情境与提出数学问题"的教学[J].数学教育学报,2006,15(2):74—79.

3.4 指向初中数学深度学习的结构化教学策略

随着科技的飞速发展及人工智能时代的到来,社会对人的学习能力提出了前所未有的挑战,被动式、机械式、孤立式的浅层学习方式已不能适应当下时代需求.如何引导学生主动建构、实现知识的有效迁移,什么是促进学生数学素养提升的有效教学策略,已成为广大教育者一直探索的核心问题.布鲁纳认为学科教学的首要任务是使学生理解学科的基本结构.以下从结构化教学表征出发,尝试构建数学结构化教学知识网络,旨在探索结构化教学促进学生素养提升的有效策略.

3.4.1 初中数学结构化教学的内涵解读

当下的数学课堂教学往往是教师按照教科书的编排进行分课时讲授,每个知识领域之间相对独立,缺乏对关联度的深度研究,教师对结构化教学理念理解不深、系统研究不够、课堂渗透不足,导致知识教学呈现点状样态,缺乏整体联系.《课程标准(2022年版)》提出:在教学中要重视对教学内容的整体分析,帮助学生建立能体现数学学科本质、对未来学习有支撑意义的结构化的数学知识体系,并提出要注重教学内容的结构化.基于文献和研究,我们认为指向素养提升的初中数学结构化教学,是指基于学生已有认知,以发展学生核心素养为导向,从结构化的视角对数学教学内容进行重构和优化,将重构后的教学内容在课堂教学中呈现,以帮助学生建立完整的结构化体系,达成问题解决和有效迁移应用.基于数学学科规律和内在的知识逻辑体系及学生认知规律,指向素养提升的初中数学结构化教学应该具有系统性、关联性、重构性等核心特征.

3.4.2 初中数学结构化教学的知识网络

(一) 片段教学结构化:把握知识联结关键点

片段是指教材或课堂教学中某一个知识点或某一关键点突破的形成过程.所谓片段教学结构化,是指教师在讲授某一个知识点或某一个片段时采用单元化、结构化理念,关注知识点和前后内容的联系,把握知识联结关键点,系统理解知识点来龙去脉,实现知识结构化.

笔者曾在江苏省教研室组织的初中数学骨干教师培训中开设过一节示范课,课题为"一次函数的图像",以下是从中选取的一个教学片段,供参考.

问题1:我们已经学习了一次函数 $y=kx+b(k,b$ 为常数,且 $k\neq 0)$ 的概念.从关系式来看,一次函数跟正比例函数有怎样的区别和联系?你们是怎样判断的?

(学生能根据常数 b 的情况来判断一次函数是正比例函数还是非正比例函数)

问题2:根据今天这节课的研究,我们能否大胆猜测一下学完一次函数后将会学习什么函数?你们是怎么思考的?

(学生在教师引导下,能从已学正比例与反比例,联想到可能会学习正比例函数与反比例函数,从一次函数中自变量次数为1,联想到自变量次数可以为2,猜测可能会学习二次函数等)

问题3:从一次函数的图像画法,我们能否大胆猜测如何画出反比例函数和二次函数的图像呢?

(学生容易想到反比例函数和二次函数的图像画法与一次函数图像的画法基本一致)

问题4:你们能总结出研究函数图像的一般步骤吗?

(学生在教师引导下尝试归纳出研究函数图像的一般步骤:函数关系式→列表→找有序实数对→描点→连线→分析图像形状→画同名函数图像→归纳图像的形状)

当下的数学课堂往往使用罗列所有知识点、重复机械复述知识点、笼统地谈谈体会等总结方式,这些总结方式看似有效,实质却机械式、形式化,难以调动学生深入思考的积极性.笔者尝试采用片段教学结构化办法,运用单元化的思想,引导学生从学完一次函数猜想到后续将学习二次函数和反比例函数,与学生共同归纳出研究函数图像的一般路径和思想方法,并采用知识结构网络图呈现教学内容,知识结构、研究思路脉络清晰可见,这样的教学设计有利于学生把握前后知识关联点,体验系统思维、整体思想,形成结构化思维方式,促进素养提升.

（二）单节教学结构化：把握学材重构关键点

单节是指教材中按课时划分的独立内容，单节课内容可以理解为教材中规定的一节课时的教学知识．所谓单节教学结构化，是指整节课教学涉及的知识点不是孤立存在的，而是相互依存、相关关联的，要从系统论、整体观的视角进行整合、设计．笔者观看学习了著名数学特级教师李庾南的"幂的运算性质"一节的教学视频，以下是从中选取的一个教学片段，供参考．

问题1：请说出式子 $2^3, 2^5, a^m$（m 是正整数）的含义．

问题2：计算 $2^3 \times 2^5$，$\left(\dfrac{1}{3}\right)^2 \times \left(\dfrac{1}{3}\right)^5$，$0.2^3 \times 0.2^4$．

问题3：比较分析以上三个算式的共同点、运算方法、运算依据．

问题4：请猜想并归纳研究出一般性结论，并加以推证．

（师生共同归纳出同底数幂的乘法运算性质）

问题5：（推广）计算 $a^m \cdot a^n \cdot a^k$（m, n, k 都是正整数）．

〔师生共同归纳出 $a^m \cdot a^n \cdot a^k = a^{m+n+k}$（$m, n, k$ 都是正整数）〕

讲完同底数幂的乘法的运算性质后，李老师将幂的乘方、积的乘方的运算性质采用相同设计思路展示，在同一节课将三个运算性质同时呈现，最后在板书上呈现如图 3-19 所示的结构化知识网络．

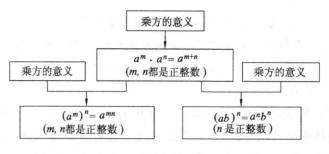

图 3-19

这部分内容原课时安排是三节课，对比教材的内容可以发现这三节均是按照"情境引入—特例探索—推证性质—归纳性质—应用性质"的思路编写的，课时容量、练习题容量大致相同，蕴涵的思想方法也大致相同，不少教师都会按照教材给定内容和流程实施教学，注重单一知识的精细雕琢和训练，却忽略了知识间的联系．从李老师的课堂教学设计来看，她将教材进行了重构，在乘方的意义的基础上进行三个运算性质的整体设计，引导学生经历"计算—分析—猜想—推证—总结—推广"等过程,把紧密关联的知识串在一起,形成整体,达成认知合力,使学生既看到"树木",又看到"森林",充分领会知识的发展规律和链接点,形成结构化思维方式,促进学生素养提升.

(三) 整章教学结构化:把握单元设计关键点

整章是指教材中内容独立的篇章,教材中的章标题以关键词"章"呈现.所谓整章教学结构化,是指对整章范围内知识的构成和内在关联进行分析、整合,形成系统的教学设计,通常以单元复习课的形式呈现.

笔者曾在苏州市名师领航高研班讲授一节示范课"圆中的相似问题",这节课是讲完"对称图形——圆"整章内容后进行的单元复习课,在笔者之前的文章中详细记录了本节课的设计,以下是从中节选的一个教学片段,供参考①.

如图 3-20,AC 为 $\odot O$ 的直径,$AC \perp BD$,垂足为点 F.

问题 1:如图 3-20,如果点 E 在劣弧 $\overset{\frown}{BC}$ 上运动,AE 与 OB 交于点 M,BC 与 DE 交于点 G,试问:$\triangle BDG$ 与 $\triangle BAM$ 是否相似?

(易发现 $\angle DBC = \angle BAO = \angle ABO$,$\angle BAM = \angle D$,得 $\triangle BDG \backsim \triangle BAM$)

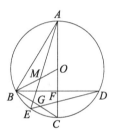

图 3-20

问题 2:如图 3-21,如果点 E 在劣弧 $\overset{\frown}{AD}$ 上运动(点 A 和点 D 除外),直线 AE 与直线 OB 相交于点 M,直线 BC 与直线 DE 相交于点 G,$\triangle ABM$ 与 $\triangle DBG$ 是否相似?请说明理由.

(易发现 $\angle ABO = \angle DBC$,$\angle BAM = \angle BDG$,得 $\triangle BDG \backsim \triangle BAM$)

问题 3:如果点 E 运动到和点 A 重合,问题 2 的其他条件不变,试画出图形,$\triangle ABM$ 与 $\triangle DBG$ 是否相似?请说明理由.

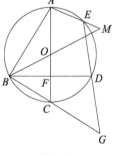

图 3-21

---

① 吕亚军,顾正刚.从浅层到深层:基于深度学习的初中数学课堂优化路径[J].中学数学月刊,2017(7):25−28.

(如图3-22,易发现当点 E 运动到和点 A 重合时,AM 和 $\odot O$ 有唯一公共点 A,所以直线 AM 为 $\odot O$ 的切线,结论仍然成立)

问题4:从以上探究中,我们能总结出怎样的结论?

(笔者引导学生发现如果点 E 在 $\odot O$ 上运动,其他条件不变,只要△ABM 与△DBG 存在,它们一定相似)

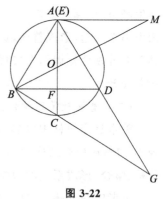

图 3-22

这节课是一节单元复习课,笔者从圆中的相似基本图形出发,基于母题,采用变式的教学策略,将学生思考引向深入,引导学生提炼并发现数学本质,渗透数学思想方法,同时还把整章知识点融入单元复习,实现整章内容系统链接,形成结构化.这样的设计既达到复习的效果,又能进一步提升学生综合能力、应用能力水平.当然这样的课堂需要教师原创能力高,教师备课量大,所以教师要不断研究,提升自身学科素养和专业能力,帮助学生形成结构化思维方式,促进学生素养提升.

(四)领域教学结构化:把握数学思想关键点

义务教育阶段数学课程内容由四个学习领域组成,分别为数与代数、图形与几何、概率与统计、综合与实践.所谓领域教学结构化,是指由于四个领域知识穿插在教材中,知识结构和难度呈现螺旋式上升,教学中要整体、系统地把握各领域的知识点,不仅要把握各领域单节知识的结构化体系,还要综合运用数学思想方法,对知识体系更深入、更全面地把握,要厘清、理顺知识间的内在逻辑,发展学生结构化思维和数学素养.

笔者曾讲授一节苏州市初三专题复习课"线段和差的最值问题",以下是从中节选的一个教学片段,供参考.

问题1:如图3-23,在直线 l 同侧有 A、B 两个定点,在直线 l 上找到一点 P,使得 $PA+PB$ 的值最小.

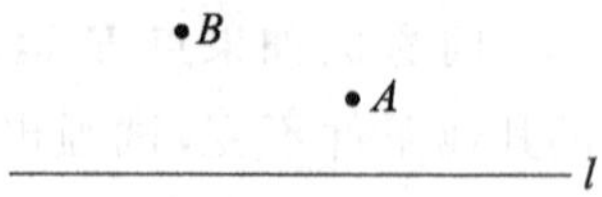

图 3-23

(学生能够很快解决,属于常规"将军饮马"问题)

问题 2：如图 3-24，等边三角形 ABC 的边长为 6，AD 是 BC 边上的中线，M 是 AD 上的动点，E 是边 AC 上一点. 若 $AE=2$，求 $EM+CM$ 的最小值.

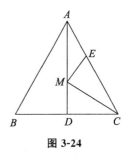

图 3-24

（问题 2 是问题 1 在三角形背景下的应用，仍然利用轴对称性质，只要连接 BE，则 $EM+CM$ 的最小值为线段 BE 的长，即为 $2\sqrt{7}$）

问题 3：如图 3-25，正方形 $ABCD$ 的边长是 4，点 E 是 DC 上一个点，且 $DE=1$，P 点在 AC 上移动，求 $PE+PD$ 的最小值.

问题 4：如图 3-26，菱形 $ABCD$ 的边长为 6，$\angle ABC=120°$，点 M 是 BC 边的一个三等分点，点 P 是对角线 AC 上的动点，求 $PB+PM$ 的最小值.

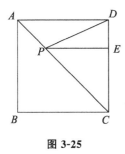

图 3-25

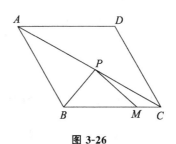

图 3-26

（问题 3、问题 4 是问题 1 在特殊平行四边形背景下的应用，解题方法与问题 2 一致. 问题 3 中只要连接 BE 交 AC 于点 P，则 $PE+PD$ 的最小值为 BE 的长，即为 5；问题 4 中只要连接 DM 交 AC 于 P，则 $PB+PM$ 的最小值为 DM 的长，即为 $2\sqrt{7}$）

问题 5：如图 3-27，MN 是半径为 2 的 $\odot O$ 的直径，点 A 在 $\odot O$ 上，$\angle AMN=30°$，点 B 为劣弧 $\overset{\frown}{AN}$ 的中点，点 P 为直径 MN 上一动点，求 $PA+PB$ 的最小值.

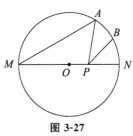

图 3-27

（问题 5 是问题 1 在圆背景下的应用，只要作点 B 关于 MN 的对称点 E，连接 AE 交 MN 于点 P，则 $PA+PB$ 的最小值为 AE 的长，即为 $2\sqrt{2}$）

这节课属于初三专题复习课,学生已经对初中阶段数学知识有全面的了解,但研究还不够深入,停留在熟知的层面,不能在不同领域或不同背景下灵活运用.笔者在"将军饮马"母题的基础上,采用领域结构化思想,将问题的背景进行变式,从三角形到四边形,再到圆进行整体设计,引导学生基于基本图形在不同背景下灵活运用,同时也渗透了化归、类比等数学思想方法.

在教学中,教师要全面把握各大领域,充分挖掘各领域中知识的关联点及相关思想方法.比如在图形与几何领域,教师要学会从学习顺序、学习内容和学习方法三个方面把握,学习顺序为点→一条线(直线、射线、线段)→两条线(角、相交线、平行线)→三条线(三角形)→四条线(四边形)→曲线(圆);学习内容为定义→相关概念→性质→判定→应用;学习方法为发现结论→归纳结论→验证结论→应用结论,并遵循简单到复杂的研究路径,如三角形→全等三角形→相似三角形,三角形→等腰三角形→等边三角形/等腰直角三角形,四边形→平行四边形→矩形,菱形→正方形,以此帮助学生形成系统的认知结构和思维结构,使学习从浅层引向深度,发展学生结构化思维和数学素养.

3.4.3 指向初中数学深度学习的结构化教学设计

(一)理解内涵重实践,转变传统教学观念

基于数学教材编写特点和发展规律,各领域中的知识难度层层递进,系统性、逻辑性强,但也有一些相关联的知识点分布零散.传统的教学方式对章节知识之间的联系关注不够,教师整合的意愿不强,对结构化教学理解不透,学生需通过大量机械的练习才能达到预期效果,这导致学生学习效率低、创新能力不足、迁移能力差,难以实现深度学习.教师只有了解多种结构的存在并形成结构化的认识,才有可能形成结构化的思维品质和教学策略,也才能帮助学生建构结构化的知识,形成规律性的认知方式.①因此,教师需要加强学习,对课标和教材进行结构化研读,透过教材寻找数学知识的本质,深入理解并探索结构化教学的内涵.同时,还需转变传统数学教学观念,重视对教学内容的整体分析,引导学生学会自主梳理、自主反

---

① 陈艳,徐明悦.结构化单元教学在初中数学教学中的实践:以《菱形、矩形、正方形(1)》为例[J].数学通报,2021,60(7):47—50.

思、自主总结,对复杂数学问题进行结构化思考,形成结构化知识框架,在解决困难问题时,能自行进行思维延展和知识关联,灵活运用结构化知识,寻找解决问题的最佳策略.

(二)重视教材再重构,遵循学生发展规律

教材是教师教和学生学的重要依据.要想将教材转化为教学内容,就需要教师将教材重构转化为学材.但绝对不能抛开教材谈重构,学材也不是简单地照搬教材,而是需要基于学生认知水平和已有经验,遵循学生发展规律和数学知识内在逻辑,进行有效整合与重构.数学教材的重构也不是简单的删减或增添,而是基于学生已有认知、基于数学学科教材、基于数学课程标准的课程创新.教师在教学中要从结构化视角,遵循数学知识的呈现规律,对教材进行调整、增删、重整,对教学内容的呈现方式进行优化、完善和改造,形成更契合学生的优质学材.在教学时,教师往往需要根据学生的认知规律,对知识呈现的逻辑结构进行适当的调整,将教材结构转化为教学结构,以便于学生的学习.①教师要认真研究学生,分析学情,要基于学生实际审视教材、重构教材,使得优化后的学材更能贴近学生,更贴合学生需求和成长规律.

(三)引领学生深度探究,拓宽数学思维深度

《课程标准(2022年版)》提出:学生经历数学的学习运用、实践探索活动的经验积累,逐步产生对数学的好奇心、求知欲,以及对数学学习的兴趣和自信心,初步养成独立思考、探究质疑、合作交流等学习习惯,初步形成自我反思的意识.数学探究作为一种新的学习方式,有助于学生体验数学研究和知识建构过程,养成严谨的科学探究精神;有助于培养学生质疑问难、善于反思的思维习惯,培养学生创新意识和实践能力.在教学中,教师要注重创设数学问题情境,借助结构化教学策略,采用问题变式、单元设计观念等重构学材,进行整体设计,呈现契合学生知识体系、启发学生深度探究的课堂样态,将具有高阶思维含量的探究式问题渗透在课堂教学环节中,激发学生的探究热情和探究意识.课堂教学设计不仅要体现数学学科知识本身的特点,还要基于学生认知规律,尊重学生个性,充分发挥其主动能动性,把知识讲授和思想渗透相结合,引导学生从多维度、多角度、多层

---

① 张伟俊.初中数学教材重构的内涵、原则与策略[J].教学与管理,2020(22):57-60.

次去探索发现问题的解决方法,体验真理的发现过程,这才是一个人学习、生长、发展、创造所必须经历的过程.

在数学问题解决过程中往往需要综合运用多个知识,这些知识有些存在关联,但也有些相对孤立.借助结构化教学视角就是要引导学生发现知识关联之处,将独立的知识尝试关联起来.要从单元化视角、结构化视角去重构、重整教材,使学生体验数学知识的关联性、系统性、结构性,培养学生整体性、关联性的结构化思维,促进深度学习,提升数学素养,最终实现学科育人的目标.

3.5 指向初中数学深度学习的探究式教学策略

当今社会对人的学习能力的要求越来越高,机械式、被动式的浅层学习方式已远不能适应社会需求,社会更需要具有创新思维、协作精神、深度探究等高阶思维能力的人.数学课堂教学的目的就是要帮助学习者学会思考、学会学习,培养问题意识,发展探究能力,实现主动的、有意义的深度学习.

初中数学深度学习是相对初中数学教学中所出现的机械式、被动式的浅层学习方式而言的,深度学习并不是对浅层学习的排斥,而是在浅层学习的基础上,由接受式学习向探究式学习转化,由低阶思维能力向高阶思维能力发展,由简单知识结构向拓展抽象型知识结构延伸,实现在原有知识、经验基础上的主动建构,逐渐完善个人数学知识体系,并有效迁移应用到真实情境的过程.数学探究式教学是以探究数学问题为主的教学,是学生获得数学知识并培养探究能力的有效途径.教师可以通过引导学生自主探究,激活学生的探究欲望,帮助学生建构知识结构体系,从而提高学生的高阶思维能力,促进学生深度学习能力的发展,培养学生的数学核心素养.

3.5.1 指向初中数学深度学习的探究式教学的内涵

探究式教学是指初中学生在学习数学知识时,教师引导学生通过观察、猜想、论证、反思等途径,去主动探究、发现、体验并掌握数学知识和技能的教学方法.通过探究式教学策略,帮助学生从数学角度认识、理解和表达现实世界的本质、关系和规律,提升自身的数学素养和数学能力.指向初中数学深度学习的探究式教学,是从学生发展的角度来思考教学,将教学真正地从重讲授转向以生为本,直面学科教学育人的本体价值.探究式教学主要强调学生的主体地位,通过构建数学问题情境,引导学生形成自己的认知经验.在探究式教学中,教师要注重学生的主动性和创造性,以问题为导向,培养学生的实践能力和创新精神,以整体的、联系的、发展的观点促进学生深度思考、迁移应用,达成数学深度学习.

3.5.2　指向初中数学深度学习的探究式教学的特征

（一）问题性

斯托利亚尔指出：数学教学是思维活动（数学活动）的教学，而不仅仅是数学活动的结果——数学知识的教学.数学思维来源于问题，没有适切的问题就难以诱发和激起求知欲，没有问题的思考只停留在表层或形式，难以深入.数学探究离不开问题，数学问题往往具有高度的抽象性、挑战性、延伸性、主体性等特征.在课堂上，教师要充分挖掘教材，创设数学问题情境，把抽象的数学问题，通过重构、重组，变成具有趣味性、思考性、应用性和开放性的问题，从而使学生感悟数学的应用价值，激发学生探究性学习的内驱力.

（二）主体性

探究式教学的最终目标就是促进学生的发展，因此在教学中，教师要基于学生已有认知和经验，把握学生探究学习的思路和方法，始终以学生的探究活动为主线，引导他们在探究中发现问题、提出问题、解决问题，让他们始终保持探究热情，真正感受到自己是学习的主人.教师要为学生提供广阔的发展空间，唤醒学生的主体意识和探究意识，让他们在主动探索和发现的过程中，发展自己的核心素养，提高深度学习能力.数学承载着学科育人功能，教师也需要具备主动发展的意识，这样，数学教学才有可能在实施的过程中得到活化，才有可能实现面向未来的转型性变革，数学教学才能够发挥其独特的教育功能.

（三）互动性

《课程标准（2022年版）》提出：学生经历数学的学习运用、实践探索活动的经验积累，逐步产生对数学的好奇心、求知欲，以及对数学学习的兴趣和自信心，初步养成独立思考、探究质疑、合作交流等学习习惯，初步形成自我反思的意识.数学探究活动是由教师、学生、探究内容与探究情境交互作用而展开的，探究过程往往是师生交流互动、共同发展的过程.在生生互动、师生互动的探究活动中，教师"培养"了学生，学生也"培养"了教师，师生均得到共同成长，实现教学相长.探究式教学的核心在于解决问题，解决问题的过程更需要学生的合作和教师的引导，彰显教学的互动性和协作性.

(四) 开放性

开放性的数学问题能为学生打开思维的空间,拓宽思维的宽度和深度.数学问题的开放性是唤醒和培养学生批判思维、创新能力的自觉意识,是形成学生深度学习思维品质的一种载体.有了开放思维和探究意识,我们才能将有限的教学时间和教材内容转化为无限的学习时间和学习内容,促使学生跳出书本和课堂,从课内拓展到课外,为学生提供一个真正自由广阔的学习环境和学习空间,也为学生质疑探究提供契机.面对开放性的数学问题,学生需要不断探究和尝试.在探究过程中,学生把原来的知识和技能分组,以形成解决目前问题的一种整体技能,或者对原来的技能进行修正,以解决目前的问题.在这样的循环往复中,学生的数学核心素养和高阶思维能力不断提高.

(五) 多样性

探究式教学决不能以单一的、冰冷的分数或解决某一探究问题的对错作为评价的唯一标准,还要突出学生的情感、态度、价值观及探究的过程,探究式教学评价呈现多样性特征.探究式教学可以关注学生探究活动的参与度,可以通过课堂观察对学生合作交流意识进行评价,可以对学生数学思维过程及其思维品质、策略与方法进行评价,也可以对学生发现问题、提出问题和解决问题的过程进行评价,还可以结合自我评价、生生评价和教师评价等方式,通过比较、分析、反思,凸显过程性评价、发展性评价和增值性评价,让探究式教学通过正确的评价方式促进学生深度学习.

3.5.3 指向初中数学深度学习的探究式教学常见类型

(一) 生成式探究

所谓生成式探究是指在课堂教学过程中,对动态生成的问题进行的局部探究.课堂是教师教学的主阵地,是学生获得知识的主渠道.学生作为认知的主体,在新的知识结构生成之前通常已经具备一定的经验和认知,他们会带着自己的认知结构参与课堂探究活动,因此课堂可能会达不到教师的预期,或者是未能给出教师想象到的反馈,这就要求教师针对生成的问题类型进行有效的处理,让学生在师生共探中建构新的知识结构.以下是笔者的一个教学片段,供参考.

师:已知关于 x 的方程 $\dfrac{a}{x-2}=2$ 的解为 $x=1$,求 a 的值.

生：将 $x=1$ 代入方程，求得 $a=-2$.

师：如果将题目进行适当改编，已知关于 x 的方程 $\dfrac{a}{x-2}=2$ 的解大于 1，求 a 的取值范围.

生：先用含 a 的代数式表示 x，求得 $x=\dfrac{4+a}{2}$. 由于 $x>1$，可得 $\dfrac{4+a}{2}>1$，求得 $a>-2$.

师：大家思考一下，这位同学解答得对吗？

生：有问题，没有考虑到这个方程是特殊的分式方程，还要满足 $x\neq 2$，即 $\dfrac{4+a}{2}\neq 2$. 所以答案应该是 $a>-2$ 且 $a\neq 0$.

以上案例中学生基于对方程的解的认知经验，容易想到用含 a 的代数式表示 x，由 $x>1$，求出 a 的取值范围，但往往忽略该方程是分式方程，还需考虑分母不为零的情况，这样就产生了认知冲突. 师生通过交流互动、探讨，最终达成一致的观点.

（二）递进式探究

所谓递进式探究，是指利用递进式变式题组创设问题情境进行的探究. 在教学中，教师要根据学生的认知规律，合理有效地设计一组有一定的内在逻辑联系的数学问题组. 教师可以采用由特殊到一般的数学思想方法设计题组，层层递进，由浅入深，由简到繁，循序渐进，螺旋式上升，引导学生发现问题的本质和规律. 以下是笔者的一个教学片段，供参考.

师：请计算以下式子并观察这些式子有怎样的特征.
① $(a+b)(c+d)=$ _____；② $(2x+1)(2x+1)=$ _____；
③ $(x+2y)(x+2y)=$ _____.

学生容易算出答案：① $ac+ad+bc+bd$；② $4x^2+4x+1$；③ $x^2+4xy+4y^2$.

生1：通过观察，我发现②与③是①的特殊情况.

生2：我发现②与③是两个相同多项式的积.

生3：我发现①有 4 项，②与③有 3 项.

师：为什么结果由 4 项变为 3 项？

生：本来有 4 项，有 2 项可以合并同类项.

师：大家能否从刚才的规律得到一般性的规律？

学生在教师引导下，通过运算探索得出一般性规律：$(a+b)^2=a^2+2ab+b^2$.

本案例的设计引导学生学会特殊与一般的数学思想，学会观察、猜想、探究、验证等科学推理办法.数学教学中有很多规律需要学生去探究，在教学中，教师要鼓励学生去探究规律并掌握规律，要为学生的学习创设探究情境，建立探究的氛围，促进探究的开展，把握探究的深度，这样才能调动学生探究的积极性，激活学生探究的潜能，以发现规律.

（三）类比式探究

所谓类比式探究，是指当新知识与已有的知识之间有相同或相似之处时，运用类比推理进行的探究.波利亚曾说过，"类比是伟大的引路人"，并在《怎样解题》中说："在求解（求证）一个问题时，如果能成功地发现一个比较简单的类比题，那么这个类比问题可以引导我们到达原问题的解答."类比有利于学生的知识发生正迁移，学生可以通过类比、猜想，将复杂的数学问题类比、化归到容易解决的问题，从而加深对数学知识的理解，并且把握数学问题的本质.以下是笔者的一个教学案例的片段，供参考.

师：同学们，我们前面已经学过全等三角形，先简单回顾一下，全等三角形的定义是什么？

生：两个能完全重合的三角形叫全等三角形.

师：从定义来看，要判定两个三角形全等，需要几个条件？

生：六个条件.

师：是的，因为用六个条件判定全等显得太烦琐，后来我们做了精简，精简成几个条件？有哪些常见的判定方法？

生（齐声回答）：三个条件，常见的判定方法有 ASA，SAS，AAS，SSS，HL.

师：我们研究三角形全等的判定的方法是否可以迁移到研究相似三角形的判定呢？

在教师的引导下，学生领悟研究三角形相似的路径与研究三角形全等的路径一致，可以从定义出发，再精简条件，最后得到判定三角形相似的方法.

本案例是引导学生把研究三角形全等的办法迁移到研究三角形的相

似,让学生通过观察、类比、归纳、推断等办法,深入领会全等和相似判定的本质和联系,使学生在头脑中建立完整的知识网络,形成整体性、结构化思维,感悟类比数学思想方法.

(四)实验式探究

所谓实验式探究,是指利用实验、操作、实践的方式进行的探究.《课程标准(2022年版)》指出:学生的学习应是一个主动的过程,认真听讲、独立思考、动手实践、自主探索、合作交流等是学习数学的重要方式.教学活动应引导学生在真实情境中发现问题和提出问题,利用观察、猜测、实验、计算、推理、验证、数据分析、直观想象等方法分析问题和解决问题.通过数学实验、操作和探究,学生把所学的知识用于生产、生活、实际,体验知识的形成过程,用数学的思维方式去观察世界、感悟世界.以下是笔者的一个教学案例的片段,供参考.

师:布置给大家一个研究课题,本周末请跟着父母到加油站去一下,并在加油站记录下仪表盘上的加油情况,收集油价、加油金额、加油量等信息并解决以下问题.

① 收集数据,观察这些数据的变化过程并记录下来.

② 分别以油量为横坐标、加油金额为纵坐标,在平面直角坐标系中描出各点,并用光滑曲线将这些点连接起来.

③ 加油金额 M 是加油量 Q 的函数吗?为什么?如果是,是怎样的函数?

本案例属于生活中的探究问题,让学生把生活中的问题抽象成数学问题,体验变量之间的关系,感悟函数概念的生成.通过实验性探究问题,学生自主进行探究,既加深了对核心概念的深层次理解,又掌握了进行实验研究的基本方法,体悟了数学来源于生活,又服务于生活.

(五)推理式探究

所谓推理式探究,是指通过逻辑推理的方式进行的探究活动.《课程标准(2022年版)》提出:推理能力主要是指从一些事实和命题出发,依据规则推出其他命题或结论的能力.理解逻辑推理在形成数学概念、法则、定理和解决问题中的重要性,初步掌握推理的基本形式和规则.推理能力有助于学生逐步养成重论据、合乎逻辑的思维习惯,形成实事求是的科学态度与理性精神.姜伯驹院士指出:三角形内角和等于180°这样的基本定理,让学生用剪刀将三个角进行拼接实验,只知其然不知其所以然,如何培养思辨能力?可见在数学教学中培养学生的推理能力是数学教学的核心任务之一.因此,在教学中,教师要创造条件,让学生通过逻辑推理的方式去获得知识,这是培养学生的独立思考能力、创新能力非常重要的方法之一.

例如,以下探究问题:

如果平行四边形一条对角线所在直线上的两个不同点(非平行四边形对角线的交点,两个点同时在一条对角线上或同时在一条对角线的延长线上)分别到这条对角线两个端点的距离相等,那么这两点与平行四边形另外两个顶点的连线构成的四边形是什么图形?

该探究问题中的两个点有三种情况:一是两点都在对角线上;二是两点都在对角线的延长线上;三是两个点就是对角线的两个端点.其中情况一和情况二又各有两种情况,这样总计五种情况,无论哪种情况都可以得到构成的四边形为平行四边形.

该探究问题属于开放式推理探究问题,需要学生领会文字表达,抽象形成数学语言,结合数学图形,运用分类讨论思想,逐个推理解决各种情况下的问题.数学问题多种多样、千变万化,但有很多问题的本质都是相同的,对这些问题的本质属性加以归纳、概括,就会得到解决此类问题的通用解题方法.

3.5.4 指向初中数学深度学习的探究式教学设计

(一)以情境为纽带,展开探究的全过程

在数学课堂教学中,将学生置于恰当的问题情境中,能让传统数学课堂逐渐被开放的、富于创造性的互动式课堂所代替,让课堂成为激发学生潜力的最佳土壤,成为学生学习数学的重要纽带.问题情境的设计要根据学生的已有知识经验、能力水平和认知规律等因素,通过各种途径创设能使学生感到有趣、有味的数学问题情境,指导学生自发地去探索、发现问题、孕育探求动机,这样既能激发兴趣,又能创设悬念,使学生产生主动求知的心理冲动,为探究学习巧设铺垫,激发学生的探究意识.在课堂上创设恰当的问题情境,可以开拓学生的思维,拓宽学生发展的空间,提高学生对数学理解的深度和广度.

(二)创设和谐环境,营造真探究的氛围

美国心理学家罗杰斯认为:创造活动的一般条件是心理安全和心理自由,只有心理安全才能产生心理自由,也才能产生学习的创造性.宽松、和谐的学习环境和平等友爱的师生关系是自主探究的前提条件.探究式教学要求教师转变角色,由知识传授者转变为学生学习的合作者和引导者.这就需要教师做好顶层设计,为课堂营造一种民主和谐的教学气氛,创造适宜学生主动参与、主动学习的探究式课堂气氛.在教学过程中,教师要给学生更广阔的思考空间,让学生学会耐心等待,不以结果评价学生,尊重每一位学生的思维习惯和性格,让学生的思维具备主动性、灵活性、开放性,这样才能使学生的探究性行为进入一个自由驰骋的空间.

(三)突出自主探究,优化教与学的方式

数学探究是学生自主探究、主动学习的过程.这就要求教师在教学中充分保障学生的主体地位,坚持以学为中心,增强思、学、导、教一致性,切实提高学生思维的参与度,进一步优化教与学的方式.也就是教师在教之前,先保证学生有充分的自主探究的时间,让学生对探究内容或相关问题进行适当的分析和思辨,亲身经历问题的探究过程,然后组织引导学生合作探究和展示交流,让学生在交流的过程中发生思维碰撞,产生智慧火花.在此基础上,教师再采用多种教学方式和教学策略,让学生在探究中学会思考和数学表达,达成迁移应用,促进深度学习.

(四)基于学生认知,搭建难点"脚手架"

探究式教学的本质是学生对已有数学结论和规律的再发现和再创造的过程,这意味着探究式教学的问题往往具有挑战性、延伸性、拓展性.为此,教师在设计教学时,创设的问题情境要难易适中,要基于学生的认知水平,不要过度叠加问题难度,导致学生望而生畏,不敢深探,最终望而止步,这样就出现了机械传授式、接受式的教学状况.教师还要根据实际情况,适时给予必要的指导和介入,为学生搭建难点"脚手架",给难以解决的数学问题设置台阶,逐步分解,让学生在亲历解决问题的同时,能感受到成就感和获得感.当然,我们也需要警惕过分强调按部就班,使学生总是按教师的预设的轨道进行探究,那样的探究也没有思维的价值,难以达成深度学习.

第 4 章

指向初中数学深度学习的主题课教学案例

4.1 概念主题课教学案例

4.1.1 以"完全平方公式"为例

1. 课标阐述

能进行简单的整式乘法运算(多项式乘法仅限于一次式之间和一次式与二次式的乘法);知道平方差公式、完全平方公式的几何背景,并能运用公式进行简单计算和推理;能用提公因式法、公式法(对二次式直接利用平方差公式或完全平方公式)进行因式分解(指数为正整数).

2. 教材分析

本案例为《义务教育教科书·数学(七年级下册)》(苏科版)"9.4 乘法公式"第1节课的内容,涉及知识点为完全平方公式.这部分内容既是多项式乘多项式的运用,也是后续学习平方差公式等的重要基础.在教学中,教师引导学生从代数推理和几何推理两个视角去发现和论证公式的来龙去脉,让学生感悟数形结合、代数推理等思想方法,理解公式的本质和公式间的联系,为后续熟练掌握公式并灵活运用打下基础,进一步发展学生的推理能力和运算能力.

3. 目标制定

(1)能推导完全平方公式,了解公式的几何背景,并能利用公式简单计算.

(2)经历探索完全平方公式的过程,进一步感悟数与形的关系,感悟数形结合的思想,知道使用符号可以进行运算和推理,得到的结论具有一般性.

教学重点:引导学生通过自主探索、合情推理得到完全平方公式,通过代数推理和几何图形进行验证,并能灵活运用公式.

教学难点:创设几何背景引导学生验证完全平方公式.

4. 教学过程

(1)创设情境,自然生成.

师:你们能化简以下式子吗?

① $(a+b)(c+d)$；② $(a+2)(a+2)$；③ $(2x+y)(2x+y)$.

学生容易算出答案：① $ac+ad+bc+bd$；② a^2+4a+4；③ $4x^2+4xy+y^2$.

师：你们能从以上三个式子中发现怎样的联系？

生：②③是①的特殊情况.

师：特殊之处在哪里？请解释一下.

生1：只要令①中的 $c=a,b=d=2$，即转化为②.

生2：只要令①中的 $a=c=2x,b=d=y$，即转化为③.

师：很好！②③其实就是我们刚学的什么知识的特殊情况？

生(齐声)：多项式乘多项式.

师：请观察三个式子化简后的项数，有没有什么不同之处？

生：①属于一般情况有四项，②③均为三项.

师：请你们根据②③两个式子的特点，任意写出两组式子并化简，同时观察这些式子有怎样的一般性规律，并尝试用字母表达发现的规律.

学生尝试自编题目、化简，经讨论、分析、探索得出一般性的规律：$(a+b)^2=a^2+2ab+b^2$.

师：我们通常把这样的规律表达式称为完全平方公式，请你们尝试用文字语言描述.

生：(学生表述比较困难，教师引导)两个数的和的平方等于这两个数的平方和与它们积的2倍的和.

师：为了便于记忆，我们可以通俗描述成"首平方、尾平方、两倍首尾中间放"，这里的"首"看作 a，"尾"看作 b.

(2) 问题驱动，推理论证.

师：请大家观察我们得到的式子 $(a+b)^2=a^2+2ab+b^2$，从图形的视角来看，你们有怎样的联想？

生：我能联想到面积，$(a+b)^2$ 可以看成边长为 $(a+b)$ 的正方形的面积，a^2 和 b^2 可以看成边长分别为 a,b 的正方形的面积，ab 看成长和宽分别为 a,b 的长方形的面积.

师：很好！那么怎样从图形的面积角度来理解或者验证以上表达式呢？请大家思考一下，并将你们的思考结果互相交流一下.

学生讨论，最后得出如图4-1所示的两种拼图论证办法.

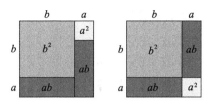

图 4-1

师：你们能化简 $(a-b)^2$ 吗？你们有哪些推理解决办法？

生：可以将它看成两个 $(a-b)$ 相乘，再用多项式乘多项式的办法解决．

生：可以把 $(a-b)^2$ 看成 $[a+(-b)]^2$，将 $(a+b)^2=a^2+2ab+b^2$ 中的 b 用 $-b$ 代换，得到 $(a-b)^2=a^2-2ab+b^2$．

师：我们能否将图 4-1 中表示边长的字母稍作调整验证以上结论？

学生讨论、探索，最后得出如图 4-2 所示的两种拼图论证办法．

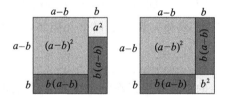

图 4-2

师：刚才我们通过代数推理及几何图形验证两种办法得到了两组表达式，通常把 $(a+b)^2=a^2+2ab+b^2$，$(a-b)^2=a^2-2ab+b^2$ 这两组表达式统称为完全平方公式．该公式在后续学习过程中用途广泛，请大家理解并熟练掌握．

（3）分层拓展，夯实提升．

因班级学生水平差异较大，部分学生学习能力偏弱，所以教师在设计例题和讲解时关注到分层教学，例题讲解关注细节，练习题难度有梯度．

例 请用完全平方公式计算：
① $(5+3p)^2$；② $(2x-7y)^2$.

解 ① $(a+b)^2 = a^2 + 2 \cdot a \cdot b + b^2$

$$(5+3p)^2 = 5^2 + 2\times 5\times 3p + (3p)^2$$
$$= 25 + 30p + 9p^2.$$

② $(a-b)^2 = a^2 - 2 \cdot a \cdot b + b^2$

$$(2x-7y)^2 = (2x)^2 - 2\times 2x\times 7y + (7y)^2$$
$$= 4x^2 - 28xy + 49y^2.$$

例题讲完后，再请学生尝试编一道能用完全平方公式解答的计算题，并解答.学生设计有两项、三项和的平方，设计四项以上和的平方的学生较少，教师引导计算 $(a+b+c)^2$ 的通法.四项以上和的平方可以类比解决，但运算量较大，不作要求.教师又设计了以下几组练习，进一步强化公式的运用.

练习 1. 下面的计算是否正确？如有错误，请改正.
① $(x+y)^2 = x^2 + y^2$；
② $(-m+n)^2 = -m^2 + n^2$；
③ $(-a-1)^2 = -a^2 - 2a - 1$.

2. 填空：
① $(m+\underline{\qquad})^2 = m^2 + 4mn + 4n^2$；
② $(m+\underline{\qquad})^2 = m^2 - 4mn + 4n^2$；
③ $(m-\underline{\qquad})^2 = m^2 - 4mn + 4n^2$；
④ $(m-\underline{\qquad})^2 = m^2 + 4mn + \underline{\qquad}$；
⑤ $(-m-\underline{\qquad})^2 = m^2 + \underline{\qquad} + 4n^2$.

（4）文化浸润，提高素养.

为提升学生的综合运用能力，提升数学素养，教师在设计练习时，尝试渗透文化知识试题，将杨辉三角与二项式展开式的系数相结合设计.

练习 计算以下等式,并观察等式右边各项的系数,你们能发现怎样的规律?

$(a+b)^0 =$ ___1___   1
$(a+b)^1 =$ ___$a+b$___   1   1
$(a+b)^2 =$ ___$a^2+2ab+b^2$___   1   2   1
$(a+b)^3 =$ ___$a^3+3a^2b+3ab^2+b^3$___   1   3   3   1
$(a+b)^4 =$ _____   1   4   6   4   1
$\qquad\vdots$
$(a+b)^n =$ _____

用上面右边的三角形解释二项式$(a+b)^n$的展开式的各项系数,该三角形称为"杨辉三角".教师介绍杨辉三角的来历,学生感受数学文化的熏陶,感叹古人的智慧,厚植家国情怀.

(5) 课堂总结,提升能力(图 4-3).

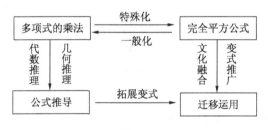

图 4-3

5. 回顾与反思

(1) 教学设计的立意.

本节课,教师在上一节课多项式乘多项式的基础上,创设几个代数问题情境,学生通过解决问题及自编题目,体验完全平方公式的合情推理和代数推理过程,并由教师引导学生感悟公式的几何背景,体验数形结合思想方法.通过精选例题、精讲精练、变式练习,让学生进一步熟练掌握公式的实践运用,发展数学运算和推理能力.

(2) 教学反思.

① 经历代数推理的过程,发展推理能力.

《课程标准(2022年版)》特别指出:初中数学中,在图形与几何领域有推理或证明的内容,在数与代数领域也有推理或证明的内容.代数推理可以分为运算推理和命题推理两种形式.代数运算推理通常指算法、算理、算律的教学,代数命题推理通常指代数命题结构间的逻辑关系演绎.本节课,教师首先创设了几道关于数学表达式的问题情境,引导学生观察、计算,发现其中蕴涵的数学规律,并让学生尝试编写试题,经历"再发现"过程,自然生成完全平方公式,再通过运算推理得出公式的合理性.接着,教师让学生尝试化简$(a-b)^2$,引导学生既可以利用运算推理的方法推导出结论,也可以先观察发现表达式间的差异和联系,再通过适当变形,运用已推理得出的公式,采用命题推理的方法得出两数差的完全平方公式.通过以上探索,学生能体验代数推理的内涵和用途,为今后学习复杂代数推理奠定基础,切实提升推理能力.在教学中,教师要善于挖掘和改造教学材料,将静态的数学知识转化为动态的探究活动,让学生经历观察、计算、归纳、类比、猜想、论证等过程,发展学生的代数推理能力,培养学生的推理素养.

② 经历数形关联的过程,发展推理能力.

《课程标准(2022年版)》提出学生要学会建立形与数的联系,构建数学问题的直观模型,还提出学生要学会利用图表分析实际情境与数学问题,探索解决问题的思路.教学中,教师的教学方法往往单一,缺乏多层次全方位思考,更多关注结果的运用,对定理、公式的来源探究不够.学生对新知识理解不透,往往限于机械、重复运用,学生知识生长力、创新力受限,核心素养难以提升.本节课中,教师从数与形两个视角去分析完全平方公式,先从代数推理得到两数和的完全平方公式,然后引导学生从数想形.学生容易联想到正方形和长方形的面积表达式,再借助图形探索并验证等式.通过这样的教学处理方式,学生显然更能深刻领悟数形结合的数学思想方法.新课标提出培养学生几何直观素养,实践证明,几何直观能激发学生理性思维,提高创新意识和应用能力.几何直观不仅包括对具体事物进行直观的、表象的认知,还包括借助图形进行思考和想象,理解蕴含的数学本质.教师在教学中要深挖教学情境,构建恰当的数学情境,引导学生借助图形直观思考、分析问题,学会以数想形、以形思数,建立结构化思维体系,引导学生联想、猜想、验证,进而提升学生几何直观素养,发展数学推理能力,进一步提高学生的核心素养.

③ 经历分层应用的过程,发展推理能力.

《课程标准(2022年版)》提出,要注重强化教材的使用功能,关注学生发展差异,满足学生不同学习需求.班级学生学业水平存在差异,这对教师的教学设计和讲授提出更高的要求.从教学过程中可以看出,教师关注到基础薄弱的学生,精选典型例题,题目难易适中,并将教学重难点细分到每一个环节和步骤中,通过讲解,学生基本能领会公式如何使用.教师又关注到学习能力层次较高的学生,通过设计开放式提问,让学生自编题目,引导学生进一步熟练掌握公式,这既激活了课堂氛围,又激发了学生深入探求真知的欲望和热情.教师还设计了不同层次的练习题,让学生通过尝试练习,强化公式的熟练运用,并让学生学会分析题目、倒推公式、实现问题解决,进一步提高学生逻辑推理能力.在实践教学中,教师要关注到学生的差异,要有不放弃任何一名学生的教育情怀,要对班级学生进行精准研判,基于学情进行课堂教学设计.无论是例题还是练习题的选择与讲解,均要有层次、有梯度、有内涵,要让不同层次的学生都能获得发展.

④ 经历文化渗透的过程,发展推理能力.

《课程标准(2022年版)》提出,教师要结合学生认知水平和生活经验,设计合理的生活情境、数学情境、科学情境,关注情境的真实性,适当引入数学文化.李大潜院士曾指出,数学的课堂教学,在讲授数学知识的同时,要揭示它们在数学文化层面上的意义及作用,因势利导、顺水推舟,达到画龙点睛的效果,使学生在润物细无声之情境中得到深刻的启示.本节课,教师设计了一道关于$(a+b)^n$的展开式的探究题目,学生通过计算、尝试、探索、总结,最终发现展开式的系数和"杨辉三角"之间存在紧密联系.借此契机,教师把我国南宋著名数学家杨辉的生平及他的主要贡献进行了简单介绍,这样的设计既发展了学生的推理能力,又引导学生感受古人的智慧.当前,在新一轮课程改革之际,教师要不断深入研究,增强数学文化和初中数学教育的深度融合,教学中要渗透一些必要的数学文化知识,可以在讲课中渗透,也可以把相关的数学文化知识布置成课外作业或者小论文的形式,让学生通过查阅相关书籍、文献资料,或者通过查阅网络寻找有用信息,让学生在知识探索过程中提升自主学习能力,进一步实现核心素养的整体提升.

4.1.2 以"探索三角形相似的条件"为例

1. 课标阐述

通过具体实例认识图形的相似.了解相似多边形和相似比.掌握基本事实:两条直线被一组平行线所截,所得的对应线段成比例.了解相似三角形的判定定理:两角分别相等的两个三角形相似;两边成比例且夹角相等的两个三角形相似;三边成比例的两个三角形相似.了解相似三角形判定定理的证明.

2. 教材分析

本案例为《义务教育教科书·数学(九年级下册)》(苏科版)"6.4 探索三角形相似的条件"第 2 节课的内容,涉及两角分别相等的两个三角形相似的判定方法.这一判定方法既是全等三角形判定的一般化,又是后续学习其他方法的重要基础.在教学中,要让学生经历观察、探索、猜想、推理等活动过程,发展学生合情推理和演绎推理能力,促进深度学习和高阶思维发展.

3. 目标制定

(1)探索并证明三角形相似的判定定理:两角分别相等的两个三角形相似.

(2)经历三角形相似的判定定理的猜想和论证过程,培养学生的推理能力.

教学重点:从三角形全等的判定方法出发,探索并证明相似三角形的判定定理.

教学难点:学生灵活掌握和运用两角分别相等的两个三角形相似这一判定方法.

4. 教学过程

(1)知识生成.

师:同学们,我们前面已经学过全等三角形(图 4-4),先简单回顾一下全等三角形的定义是什么?

生:两个能完全重合的三角形叫全等三角形.

师:根据定义,请用符号语言来描述一下判定三角形全等的条件.

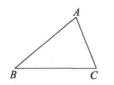
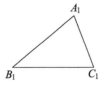

图 4-4

生：$\angle A = \angle A_1, \angle B = \angle B_1, \angle C = \angle C_1, AB = A_1B_1, BC = B_1C_1, AC = A_1C_1$.

师：从定义来看，要判定两个三角形全等，需要几个条件？

生（齐声回答）：六个条件.

师：是的，因为用六个条件判定全等有点多，所以我们将条件进行了简化，得到了常见的几个判定方法，有哪些判定方法呢？

生（齐声回答）：ASA,SAS,AAS,SSS,HL.

师：很好！我们是否可以将研究全等三角形的判定的方法用在研究相似三角形的判定上呢？让我们再次回顾一下相似三角形的定义.

生：各角分别相等、各边成比例的两个三角形是相似三角形.

教师在黑板上画出如图 4-5 所示的两个相似三角形.

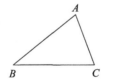

图 4-5

师：请用符号语言来描述一下用定义判定三角形相似的条件.

生：$\angle A = \angle A_1, \angle B = \angle B_1, \angle C = \angle C_1, \dfrac{AB}{A_1B_1} = \dfrac{BC}{B_1C_1} = \dfrac{AC}{A_1C_1}$.

师：那么请问从定义来看，要判定两个三角形相似，需要几个条件呢？分别是什么？

生：六个条件.分别是 $\angle A = \angle A_1, \angle B = \angle B_1, \angle C = \angle C_1, \dfrac{AB}{A_1B_1} = \dfrac{BC}{B_1C_1}, \dfrac{AB}{A_1B_1} = \dfrac{AC}{A_1C_1}, \dfrac{BC}{B_1C_1} = \dfrac{AC}{A_1C_1}$.

师：回答正确.这六个条件是否可以精简呢？大家可以互相探讨一下.

(学生讨论中)

生：可以减掉两个，变为四个条件.因为三角形的内角和等于 $180°$，所以只要两组角相等，就可以推出第三组也相等；由等式的基本性质，可以发现 $\dfrac{AB}{A_1B_1}, \dfrac{BC}{B_1C_1}, \dfrac{AC}{A_1C_1}$ 中只要任意两组相等即可推出 $\dfrac{AB}{A_1B_1}=\dfrac{BC}{B_1C_1}=\dfrac{AC}{A_1C_1}$ 成立.

师：讲得很好！从定义看，需要六个条件，但是实际上只要四个条件即可.现在你们觉得判定两个三角形相似需要四个条件多不多？

生（齐声回答）：多.

师：我们发现，作为相似三角形的特殊情况，判定全等只要三个条件（HL 实质也是三个条件），那么判定三角形相似要四个条件肯定是太多了.如果只有一个条件成立，是否可以判定相似呢？

师：只有一组角相等的两个三角形相似吗？

生：不一定相似.

(学生举出反例，如图 4-6 所示)

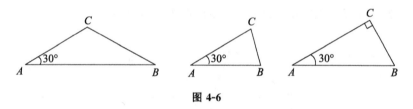

图 4-6

师：很好，从这位同学举出的反例，我们可以发现，单独从角的角度看，只有一组角相等不能判定两个三角形相似，那么如果从边的角度看，只有两组边对应成比例的两个三角形相似吗？大家可以互相探讨一下.

生：不一定相似.

(学生在黑板上画出反例，如图 4-7 所示)

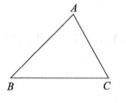

图 4-7

生：可以先画一对相似三角形，即△ABC∽△A'B'C'，再以B'为圆心，A'B'为半径画弧，可得△B'C'D，则有$\dfrac{AB}{A'B'}=\dfrac{BC}{B'C'}$．由于$B'D=A'B'$，则有$\dfrac{AB}{B'D}=\dfrac{BC}{B'C'}$，符合两组边对应成比例，但是这两个三角形不相似．

师：这个反例非常好！从刚才的研究发现，只有两组边对应成比例的两个三角形不一定相似．也就是无论是一组角相等还是两组边对应成比例都不能判定两个三角形相似，这说明只有一个条件是不够的，那么如果给定两个条件呢？（目的是引起学生对于"两角分别相等的两个三角形相似"这一判定定理的探究）

评析：在以上的教学中，教师没有采取传统的讲授概念的办法，而是注重知识的生成过程，深挖学生已有经验素材，结合学生的认知能力，通过类比的数学思想，创设问题情境，引导学生从用六个条件判定两个三角形相似，逐渐精简，最终得到判定两个三角形相似的较简单的办法．教师通过激活学生经验，运用数学思想方法，创建问题情境，引导学生建立知识点之间的联系，引发学生深度思考，通过"激活—探究—猜想—论证—反思—迁移"的教学模式，促使学生理解新知的来龙去脉，提升学生深度学习的能力．

（2）探究提升．

师：我们通过探究、猜想、论证，得到了"两角分别相等的两个三角形相似"这一判定定理．下面我们一起来尝试运用这个定理解决问题．

探究题：如图 4-8，在△ABC 中，∠BAC=90°，点 D 为 BC 的中点，过点 D 作 BC 的垂线，交 AB 于点 E，交 CA 的延长线于点 F．

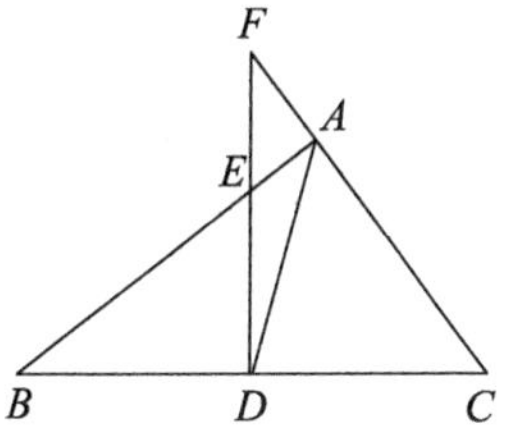

探究1：试说明 $DE \cdot DF = AD^2$．

生：只要证明△ADE∽△FDA．由于∠BAC=90°，点 D 为 BC 的中点，可得 AD=BD，所以∠B=∠BAD．由 FD⊥BC，∠BED=∠FEA，可得∠B=∠F=∠BAD．又∠ADE=∠FDA，可得△ADE∽△FDA，所以$\dfrac{DE}{AD}=\dfrac{AD}{DF}$，即 $DE \cdot DF = AD^2$．

师：有没有其他的办法？

图 4-8

生：由于 $AD=BD$，证明 $DE \cdot DF=BD^2$ 即证明 $\triangle BDE \backsim \triangle FDB$. 连接 BF，如图 4-9，由于 $FD \perp BC$，D 为 BC 的中点，所以 $BF=CF$，可得 $\angle BFD = \angle CFD$. 由刚才同学证明可得 $\angle CFD = \angle EBD$，所以 $\angle BFD = \angle EBD$. 再由 $\angle BDE = \angle FDB$，可得证.

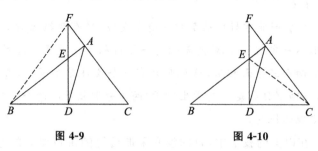

图 4-9   图 4-10

生：如果连接 CE，如图 4-10，由于 $AD=CD$，证明 $DE \cdot DF=CD^2$ 即证明 $\triangle CDE \backsim \triangle FDC$. 由于 $FD \perp BC$，D 为 BC 的中点，所以 $BE=CE$，可得 $\angle B=\angle ECD$，易得 $\angle F=\angle B$，所以 $\angle ECD=\angle F$. 再由 $\angle EDC=\angle CDF$，可得证.

师：很好！从刚才几位同学的分析，可以发现除 $DE \cdot DF=AD^2$ 成立外，还可以得到 $DE \cdot DF=BD^2$，$DE \cdot DF=CD^2$，本质上是由定理"直角三角形斜边上的中线等于斜边的一半"，可得 $AD=BD=CD$，从而得到三种不同的方法.

探究 2：如图 4-11，连接 BF，试猜想 $BF \cdot AE$ 与 $BC \cdot EF$ 存在怎样的数量关系，并说明理由.

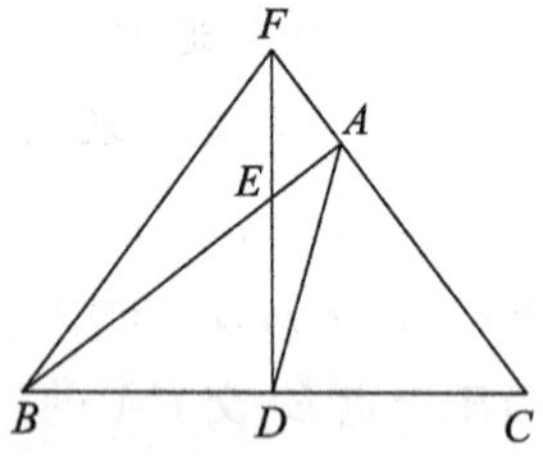

师：我们仔细观察 $BF \cdot AE$ 与 $BC \cdot EF$，是否能探究、猜想出它们之间的数量关系？

生：我发现 BC 可以是 AD，BD 或 CD 的两倍关系，所以我猜想它们之间的数量关系是 $BF \cdot AE = \dfrac{1}{2} BC \cdot EF$.

图 4-11

师：很好，这位同学猜想出了 $BF \cdot AE = \dfrac{1}{2} BC \cdot EF$. 大家思考一下，这个结论是否可以进行逻辑论证？

生：从刚才探究 1 的思路，可以发现 $\angle BFD = \angle CFD = \angle EBD$. 又易

得 $AD=BD$,所以 $\angle EBD=\angle BAD$,所以 $\angle BFD=\angle BAD$.由 $\angle BEF=\angle DEA$,可得 $\triangle BFE\backsim\triangle DAE$,可得 $\dfrac{BF}{DA}=\dfrac{EF}{AE}$.由于 $AD=\dfrac{1}{2}BC$,代入后发现 $BF\cdot AE=\dfrac{1}{2}BC\cdot EF$.

师:刚才同学借鉴了探究1的解题思路,得到 $\triangle BFE\backsim\triangle DAE$,通过简单变形即可证明结论.我们继续深入探究.

探究3:如图4-12,如果 $AD\parallel BF$,其他条件不变,试探究此时 $\triangle BCF$ 的形状,并说明理由.

师:从图形中,我们能观察到 $\triangle BCF$ 的形状大概像什么?

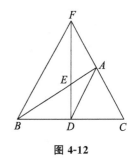

图 4-12

生(齐声回答):等边三角形.

师:像的,大家研究一下,我们的猜想是不是正确呢?

生:我认为猜想是正确的.由 $AD\parallel BF$,可以得到 $\triangle CAD\backsim\triangle CFB$,所以 $\dfrac{CA}{CF}=\dfrac{CD}{CB}=\dfrac{1}{2}$,所以 $CA=AF$.由 $\angle BAC=90°$,所有 $CB=FB$.又 $CF=BF$,所以可以判定 $\triangle BCF$ 为等边三角形.

师:分析正确.我设计本探究题的目的,其实就是要告诉大家当我们做题时,不是为了解题而解题,而是要充分挖掘题目的外延和内涵,深入探究、思考、猜想、论证,这样才能提高我们的数学思维水平.

评析:在这一段的教学中,教师设计了一道探究型的例题.教师通过不断设问,引导学生充分思考、探索、猜想,最后再引导学生进行逻辑论证.这样的教学设计能充分调动学生学习积极性,挖掘学生的潜能,激起学生的思维碰撞火花.在教学片段中,教师还多次使用元认知提示语,引导学生积极探究,及时反思,调整解题策略,凸显学生的主体性地位.

5.回顾与反思

(1)深挖经验素材,创设问题情境.

《课程标准(2022年版)》提出:教学活动应注重启发式,激发学生学习兴趣,引发学生积极思考,鼓励学生质疑问难,引导学生在真实情境中发现问题和提出问题.教师不应该把概念、数学结论直接灌输给学生,应该通过引导,让学生经历质疑、探索、合作探究、合情推理、归纳、概括等过程,使其建构个人新的知识体系.在"知识生成"的教学中,教师充分挖掘了学生已有经验素材,让学生经历从全等三角形的定义出发,简化定义中的条件,最终得到判定定理的过程,通过创设问题情境,引导学生运用特殊到一般的数学思想,找出两个核心概念的共性之处,再研究相似三角形的判定办法.教师不是直接将定理"两角分别相等的两个三角形相似"告知学生,而是创设了有效的问题情境,充分挖掘学生的潜能,进而有效激发学生发现问题、探究问题、解决问题的积极性,促进学生学习方式、思维方式的转变,提升学生深度学习能力.

(2)巧设认知冲突,引导主动建构.

认知冲突是个人建立的认知结构与当前的学习情境之间暂时的矛盾与冲突,是已有的经验、知识与新知识之间因存在差距而导致的心理失衡.在教学中,教师要预设认知冲突,让学生经历"冲突—化解—平衡"的过程,促使学生去质疑和批判,激发学生学习内驱力,引导学生解决认知冲突,达到新的认知平衡.在"知识生成"中,在教师的引导下,学生从相似的定义可以发现,要想判定三角形相似,需要六个条件,其实质是四个条件,与全等三角形的判定办法比较,四个条件还是偏多.教师继续引导学生将四个条件精简到一个条件,即一组角相等或者两组边成比例.学生产生了认知冲突,运用反例去说明由一个条件不能判定两三角形相似,自然过渡到需要两个条件,引出了新授课内容"两角分别相等的两个三角形相似".在课堂教学中,设置给学生带来认知冲突的系列问题,能引起学生激烈的思维碰撞,引导他们探究新旧知识的联系,转变错误认知,主动建构新知识,从而达到新的认知平衡,形成稳定的知识体系.

(3)启迪深度探究,促进深度学习.

数学探究教学是以探究数学问题为主的教学,是学生获得数学知识并培养探究能力的有效途径.合作探究式教学作为一种重要的教学形式,日益凸显出它的优越性,也得到了教育界广泛的认可与推广.本节课,教师设计了一道探究型的例题,以一个图形为基本模型,设计了三个探究问题.探究1中引导学生运用多种方法解决问题,同时发现除了 $DE \cdot DF = AD^2$ 成立外,还有 $DE \cdot DF = BD^2$ 和 $DE \cdot DF = CD^2$ 也成立.探究2、探究3采用开放式的提问,学生在探究、猜想的过程中,发现了结论,并通过逻辑论证研究结论的真伪.这样的设计能充分尊重学生的个性,发挥其主体能动性,引导其深入探究、质疑、猜想、论证,激活他们的探究欲望,让他们亲历体验数学核心定理、科学真理的发现过程,提高学生高阶思维能力.这才是一个人学习、生存、生长、发展、创造所必须经历的过程,也是一个人的能力、智慧发展的内在要求.

深度学习研究的兴起,是人们自觉回应终身教育、知识经济、优质教育理念对基础教育发展需求的结果,如何促进学生深度学习和培养学生深度学习的能力,将成为未来教育改革发展的重要课题.随着课改的深入,深度学习已经渗透到中学教育领域,而且已掀起了新的研究热潮,研究成果不断丰富.但深度学习研究进入初中数学教学领域时间较短,目前尚处于初级阶段,涉及初中数学深度学习的教学案例较少,开展深度学习的实践与研究将成为今后重要的课题和难题.教师要不断深入研究、探索,探求学生数学学习的规律,不断思索、尝试改进课堂教学策略,以期提升学生的数学核心素养,真正实现数学教育质量的全面提高.

4.1.3 以"函数"为例

1. 课标阐述

能识别简单实际问题中的常量、变量及其意义,并能找出变量之间的数量关系及变化规律,形成初步的抽象能力;了解函数的概念和表示法,能举出函数的实例,初步形成模型观念;能用适当的函数表示法刻画简单实际问题中变量之间的关系,理解函数值的意义;能确定简单实际问题中函数自变量的取值范围,并会求函数值;能根据函数图像分析出实际问题中变量的信息,发现变量间的变化规律;能结合函数图像对简单实际问题中的函数关系进行分析,能结合对函数关系的分析,对变量的变化趋势进行初步推测.

2. 教材分析

数学核心概念是初中教学中的重难点,它贯穿了整个数学学习的过程,并占有重要位置.在现实的课堂教学中,教师轻概念教学、重解题教学现象比较普遍.概念教学往往采用"一个定义,几点注意,直接解题"的教学方式,这导致学生对核心概念无法真正内化.实践证明,"直接告知"的教学方式无法激发学生深度思考,学生"先学后忘"现象也会普遍存在.函数是中学数学的重要内容,教师需要引导学生从生活中的案例出发,逐步将抽象的核心概念化归成易理解的数学内容.

3. 目标制定

(1) 探索简单实例中的数量关系和变化规律,了解常量、变量的意义.

(2) 结合实例,了解函数的概念和三种表示法.

(3) 能结合图像对简单实际问题中的函数关系进行分析.

教学重点:对函数概念的认识,了解变量之间的关系和变化.

教学难点:用函数的观点来解释不同情境中的变量关系,并能从众多情境中识别函数关系.

4. 教学过程

(1) 呈现真实生活情境,设置开放问题,体验生活中的数学.

师:周末,老师游览了金鸡湖,这节课我想跟大家一起分享一下老师的游览过程.上午,我出发前发现汽车快没油了,准备去加油站加油,在加油站记录下了仪表盘上的加油情况.(教师提供动态演示)请大家仔细观察,你们能得到哪些信息?

生1:单价没有变化,始终是 6.05 元/升.

生2:加油金额和油量在变化.

师:老师加完油后,就上了高架,在 8:30—8:40 这段时间内,车速稳定不变.请问在这段时间内,你们能发现怎样的结论?(教师呈现汽车仪表盘)

生:发现车速为 60 km/h 一直没变化,但是时间和行驶的路程一直在变化.

师:你们能给这些变化的量取一个名字吗?

生(齐声):变量.

师:不变的量怎么取名称?

(学生茫然,不太好取)

师:我们通常把不变的量称为常量.

教师给出变量和常量的定义:在某一变化过程中,数值保持不变的量叫做常量,可以取不同数值的量叫做变量.

评析:教师通过创设学生熟悉的生活情境,并设置开放式的问题,引导学生仔细观察、探索、表达,感受生活中的数学,体验量的变与不变的本质规律,为概念的理解做好铺垫.

(2) 基于问题情境,归纳提炼,抽象数学核心概念.

教师给出三个问题情境.

问题1:老师一边欣赏金鸡湖美景,一边向附近的码头负责人咨询金鸡湖的水位和蓄水量数据,并了解到水位 h 和蓄水量 Q 的相关数据(表4-1),请你观察表4-1并分析 h 和 Q 之间有怎样的关系?

表4-1 金鸡湖水位和蓄水量相关数据

水位 h/m	1.50	1.60	1.65	1.70	1.76
蓄水量 Q/m³	1.11×10^7	1.18×10^7	1.22×10^7	1.23×10^7	1.3×10^7

问题2:老师沿着金鸡湖走到摩天轮公园,请大家观察摩天轮旋转视频.(动态演示)请你们观察并分析摩天轮上某点的高度与旋转时间之间有怎样的关系?

问题3:老师走到金鸡湖边,看到平静的湖面有条小鱼跳起,激起层层波浪.如果把这些不断扩散的波纹看成大小不同的圆,请你们观察并分析圆的面积和半径之间有怎样的关系?

学生通过情境分析,发现水位 h 和蓄水量 Q、摩天轮上某点的高度和旋转时间、圆的面积和半径都属于变量.学生通过探究、交流,发现这些量之间存在互相依赖关系:当其中一个变量确定时,另一个变量有唯一的值与它对应.学生尝试表达这种关系,如蓄水量 Q 随着水位 h 的变化而变化,随着水位 h 的确定而确定;对于水位 h 的每一个值,蓄水量 Q 都有唯一的值与它对应.通过三个问题的开放式提问和探索,学生提炼、抽象,并总结出函数的核心概念.

评析:函数的概念是初中阶段数学学习的难点和重点,学生初学时非常困难,难以理解函数属于对应关系,函数不是通常理解的"数".学生从以前学习的数与式的关系,过渡到两个变量的关系,属于思维层级的跃升.为破解难点,教师继续创设学生熟知的问题情境,让学生观察、体验、探究、提炼,并抽象得出核心概念.

(3) 概念辨析,拓展延伸,领会核心概念的内涵与外延.

问题1:如图4-13,请问 y 是 x 的函数吗?

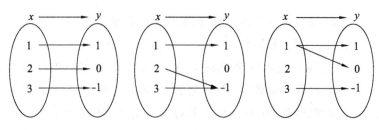

图 4-13

问题 2：请判断以下三位同学的说法是否正确？

芳芳：直角三角形中一个锐角 y 是另一个锐角 x 的函数.

明明：如果矩形的宽一定，那么它的面积 y 是长 x 的函数.

红红：图 4-14 中曲线表示 y 是 x 的函数，x 是自变量.

教师提出两个问题的目的是考查学生对函数的概念是否真正掌握，函数概念在初中阶段属于最抽象的概念之一．对于问题 1，在课堂教学中，学生困惑较大．图 4-13 中三幅图清晰地表达了两个变量的对应关系，三幅图的对比理解，能让学生直观地

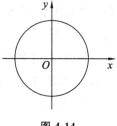

图 4-14

感受到函数的对应关系，即给定一个 x 的值，有唯一的 y 与它相对应．问题 2 给出三个数学情境问题，引导学生根据函数的概念判别 y 与 x 是否满足函数关系．

评析：如何将抽象的函数概念变得易学、易懂？教师通过设计典型的函数概念辨析题，引导学生思考、辨析、体验，从中感受变量与变量间的对应关系，掌握函数关系的多种表达方式，真正领会概念的内涵和外延，培养了学生的抽象思维．

（4）立足单元视角，学思践悟，实现模型建构与应用.

问题：如图 4-15，搭 1 条小鱼需要 8 根火柴棒，每多搭 1 条小鱼就要增加 6 根火柴棒，如果搭 n 条小鱼所需火柴棒的根数为 s，回答下列问题.

① 要搭 8 条小鱼，需要多少根火柴棒？

② 如果有 38 根火柴棒，可以搭几条小鱼？

③ 如果有 100 根火柴棒，最多可以搭几条小鱼？

图 4-15

"搭小鱼"素材在教材中曾多次出现,一些辅导资料中也经常用它作为命题背景.上面的问题在教材设计的情境基础上进行了改造与重构,将方程、不等式模型融入函数概念中,学生利用熟悉的情境去理解、分析抽象的函数概念,感悟函数概念抽象但不陌生.

评析:教师创设了学生非常熟悉的数学情境,对教材情境进行了再改造,引导学生用函数思想去思考和分析实际应用模型,进一步培养学生的模型建构素养.

5. 回顾与反思

(1) 创设情境,感知核心概念本源.

《课程标准(2022年版)》提出:注重发挥情境设计与问题提出对学生主动参与教学活动的促进作用,使学生在活动中逐步发展核心素养.笔者在第3章提出,可以从真实生活、实验操作、认知冲突、数学文化、问题探究等五个切入点创设问题情境,引导学生主动建构,并实现知识的有效迁移.本节课,教师创设了真实的生活情境,学生通过观察、体验、感受生活中的变量与常量,尝试用数学的眼光观察生活中的量的变与不变.数学问题情境是一种基于学生认知而设计的情境,是学生进行数学学习的重要活动环节,也是学生对知识自然建构的必要条件.在教学中,教师需要创设有数学趣味、数学韵味的数学情境,将抽象的核心概念化归为相对直观的表征和解释,既要关注学生的基础和需求,也需指向数学本源与本质.那些与主题不相关、缺乏联系的情境甚至会干扰或误导学生对新知的理解,这就需要教师精心设计数学情境,驱动学生深入探索数学核心概念,理解数学本质和数学应用价值,感知核心概念本源.

(2) 抽象提炼,领悟核心概念生成.

《课程标准(2022年版)》提出:数学源于对现实世界的抽象,通过对数量和数量关系、图形和图形的抽象,得到数学的研究对象及其关系.并指出:能够从具体的问题解决中概括出一般结论,形成数学的方法和策略.数学概念是数学知识的基础,也是数学理性思维、逻辑推理的基本构成要素,数学概念的形成过程就是对概念抽象、提炼的过程,这需要教师为概念的形成铺展有效情境,引导学生提炼总结,领悟概念生成的来龙去脉.第2部分中教师连续创设了三个数学问题,让学生观察变量与变量间的变化规律和关联之处,发现变量与变量间存在相互依赖和对应关系,进而抽象并提炼出函数的概念.新知的探索总是始于对共性的问题或现象进行分析、比较,从而揭示其中蕴含的规律和本质.在教学中,针对核心概念的重难点,教师要善于创设关联情境,要敢于拓宽探究时间和空间,敢于挖掘多种共性情境,引导学生亲身经历观察、分析、抽象、概括的全过程,让学生学会思考、学会学习,通过现象发现问题本质,领悟数学核心概念生成.

(3)思辨内化,体验核心概念表征.

《课程标准(2022年版)》提出:通过经历独立的数学思维过程,学生能够理解数学基本概念和法则的发生与发展、数学基本概念之间、数学与现实世界之间的联系.思辨性思维是提高数学思维能力的一个重要途径,当其抽象概念生成后,学生的理解程度还是较浅显的.在教学中,教师可以尝试融入思辨性思维,创设具有思辨性、易错易混淆的数学情境,让学生在错解与正解的交错、反复操作中体验概念的表征,帮助学生提升思辨意识,感悟思辨之美,培养数学素养.本节课,教师设计了判别对应关系是否为函数的系列问题,题型丰富、内容新颖、设计精准,通过问题引领、学生探究、概念辨析,促进学生对抽象概念的理解和把握.系列问题的解答,让学生从茫然中逐步走向概念清晰,既激发学生学习数学的兴趣,又能提高学生数学逻辑思维、批判性思维等高品质理性思维能力.因此,教师要善于运用灵活的教学方式,培养学生多向性思维,把思辨思想渗透在课堂教学中,进而打造更为高效的数学课堂,让学生体验核心概念表征.

(4)模型建构,感受核心概念应用.

《课程标准(2022年版)》提出:初步感知数学建模的基本过程,从现实生活或具体情境中抽象出数学问题,用数学符号建立方程、不等式、函数等来表示数学问题中的数量关系和变化规律.当下,教师往往缺乏建模意识和模型观念,存在照本宣科现象,对学情的把握不够充分,缺乏对教材的再创造.实践证明,培养学生的模型观念和应用意识,能帮助学生快速掌握知识的关键点,并且能让他们整体把握核心概念的内涵与外延,知识体系易内化和迁移.本节课,教师将教材中反复出现的"搭小鱼"问题进行了重整和改造,采用单元设计观念,渗透模型建构思想,深挖函数与方程、函数与不等式间的联系,促使学生建立起以函数为主线的整体性、系统性的数学认知结构,发展学生模型观念和整体性思维.教学中,教师要转变教学观念,尝试从教材、生活中取材,创新教学设计,重整教学素材,将模型思想融入课堂教学,为学生搭起数学与社会、数学与生活的桥梁,激发学生学习兴趣和深入探究的激情,引导其感受核心概念的应用.

长期以来,核心概念的教学是教师教学的难点、堵点,其抽象性、高度概括性导致学生难以把握其内涵与外延.学者张爱平提出:合理设置生活化的问题情境,让学生经历从生活到数学的抽象过程;重视以数学活动为载体,完成概念的内化,完成基于数学本质的概念教学活动.教学中,教师要善于挖掘素材、整合素材、重整素材,创设指向数学本质的问题情境,引导学生深入探索,逐步形成对核心概念的建构.

4.1.4 以"二次函数和一元二次方程的关系"为例

1. 课标阐述

通过对实际问题的分析,体会二次函数的意义;能画二次函数的图像,通过图像了解二次函数的性质,知道二次函数系数与图像形状和对称轴的关系;会求二次函数的最大值或最小值,并能确定相应自变量的值,能解决相应的实际问题;知道二次函数和一元二次方程之间的关系,会利用二次函数的图像求一元二次方程的近似解.

函数的教学,要通过对现实问题中变量的分析,建立两个变量之间变化的依赖关系,让学生理解用函数表达变化关系的实际意义;要引导学生借助平面直角坐标系中的描点,理解函数图像与表达式的对应关系,理解函数与对应的方程、不等式的关系,增强几何直观;帮助学生用函数表达现实世界事物的简单规律,经历用数学的语言表达世界的过程,提升学习数学的兴趣,进一步发展应用意识.

2. 教材分析

本节课是二次函数与一元二次方程的关系问题,是对前面学习的二次函数的反思,对后面内容的学习也有重要的支撑作用,是本章内容必不可少的重要组成部分,也是学生对函数的关系式、函数的图像的再认识、再深化.在教学过程中,要关注数学知识与实际的结合,让学生在实际背景中理解数量关系和变化规律,经历从实际问题中建立数学模型、求解模型、验证反思的过程,形成模型观念;要在比较复杂的情境中,提升学生发现问题、提出问题、分析问题和解决问题的能力,以及有逻辑地表达与交流的能力.

3. 目标制定

(1) 知道二次函数与一元二次方程之间的关系,能熟练地将函数问题与方程问题相互转化.

(2) 经过对二次函数与一元二次方程的关系的探究,加深对所学知识的理解,强化前后知识的联系,形成清晰的数学知识网络,同时获得系统的数学研究方法,提高自身的数学素养,促进学生的深度学习.

教学重点:方程问题函数化、函数问题方程化.

教学难点:函数图像交点与一元二次方程根的关系.

4. 教学过程

(1) 基础回顾,以练领学.

问题1:若关于 x 的函数 $y=(a-2)x^2-(2a-1)x+a$(a 为常数)的图像与 x 轴有两个不同的交点,求 a 的取值范围.

师:问题中是否明确了函数类型?

生:没有明确函数类型,所以要分函数是一次函数和二次函数两种情况进行讨论.但是因为一次函数与 x 轴的交点只有一个,所以该函数一定是二次函数,即 $a\neq 2$.

师:当讨论函数的图像与 x 轴的交点问题时,我们一般会将其转化为什么问题?

生:令 $y=0$,将函数问题转化为方程问题.

师:二次函数 $y=ax^2+bx+c(a\neq 0)$ 与一元二次方程 $ax^2+bx+c=0(a\neq 0)$ 之间有什么关系?

设计意图:在课堂起始阶段,教师通过问题驱动的方式,以小题带知识引方法,帮助学生回顾旧识,再现二次函数与一元二次方程等相关知识.学生经历发现和提出问题、分析和解决问题、教师评价的过程.教师帮助学生巩固重点、难点,渗透"函数问题方程化""方程问题函数化"的数学思想,形成较为系统的、条理化的知识结构,为后续的学习作铺垫.

(2) 专题变式,以探研学.

问题2(变式1):若关于 x 的函数 $y=(a-2)x^2-(2a-1)x+a$(a 为常数)的图像与 x 轴只有一个交点,求 a 的取值范围.

生1：根据刚才归纳的关系，因为函数的图像与 x 轴只有一个交点，所以 $\Delta=0$.

生2：我认为应该讨论 a 的值，因为没有明确函数的类型.（师生表示同意）

生3：当 $a=2$ 时，函数是一次函数，可求得 $x=\dfrac{2}{3}$，符合题意；当 $a\neq 2$ 时，$\Delta=(2a-1)^2-4a(a-2)=0$，得 $a=-\dfrac{1}{4}$. 综上，$a=2$ 或 $-\dfrac{1}{4}$.

师：非常细心！我们可以从这道题中获得怎样的活动经验？

生：我们在解决类似问题的时候，一定要关注题目是否明确函数的类型，一次函数和二次函数与数轴的交点情况是不同的.

师：很好，那么老师把刚才的问题再进行变式，请同学们思考并合作探究解决.

问题3（变式2）：若关于 x 的函数 $y=(a-2)x^2-(2a-1)x+a$（a 为常数）的图像与坐标轴只有两个交点，求 a 的取值范围.

本题由教师引导学生关注问题的改变，师生共同探究条件由"x 轴"变为"坐标轴"对问题的影响，进而解决问题.

设计意图：在课堂主体阶段，围绕例题变式设计问题.在教学过程中，让学生独立思考、分析交流、总结归纳出"函数问题方程化"的一般思路，先确定函数类型，再判断交点个数，通过变式的方式呈现易错点，引导学生弄清问题的本质，积累数学活动经验，提高学生分析问题、解决问题的能力.

问题4：函数 $y=ax^2+bx+c$（$a\neq 0$）的图像如图 4-16 所示，试探究关于 x 的方程 $ax^2+bx+c-k=0$（k 为常数）的根的情况.

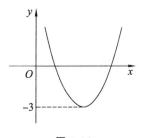

图 4-16

师：结合图像，谈谈你对方程 $ax^2+bx+c-k=0$ 根的情况的理解.

生：我发现方程可以变形为 $ax^2+bx+c=k$ 的形式.

师：这个方程和二次函数 $y=ax^2+bx+c$（$a\neq 0$）有什么关系呢？

生1：方程 $ax^2+bx+c=k$ 可以理解成二次函数 $y=ax^2+bx+c$（$a\neq 0$）的函数值 $y=k$ 时的情形.

生2：问题转变为函数 $y=ax^2+bx+c$（$a\neq 0$）的图像与 $y=k$ 这条直

线的交点数问题.

师：这就是函数问题中数形结合的方法！

生：由函数图像可知，当 $k=-3$ 时，方程有两个相等的根；当 $k>-3$ 时，方程有两个不相等的实数根；当 $k<-3$ 时，方程没有实数根.

师：及时归纳，对于这道题，我们是如何将方程根的问题转化为函数问题的？

生：我们将方程的左边变形成与函数主体部分相同的形式……

设计意图：以问促问，以问促思，通过问题的变式，继续引导学生对原题目进行变式和延伸，探究知识本质，突破学习重难点.让学生对数学问题的思考逐步深入，继而形成问题解决的思维方法与技巧，从而对知识进行有效的迁移与灵活应用.

问题 5：已知二次函数 $y=x^2+2(m-2)x-m+2$ 的图像与 x 轴最多有一个公共点.若 $y=m^2-2tm-1$ 的最小值为 2，则 t 的值为 _____.

师：由图像与 x 轴最多有一个公共点，可以得到什么？

生：$\Delta \leqslant 0$. 由 $\Delta=[2(m-2)]^2-4(2-m)\leqslant 0$，解得 $1\leqslant m\leqslant 2$.

师：$1\leqslant m\leqslant 2$ 是函数 $y=m^2-2tm-1$ 的什么？

生：自变量的取值范围.

师：那么问题就转变成了函数 $y=m^2-2tm-1$ 在 $1\leqslant m\leqslant 2$ 时有最小值 2，我们又该如何思考呢？同学们相互之间讨论交流.

生：我们认为函数的最值和对称轴 $y=-\dfrac{b}{2a}=t$ 有关.需要结合函数图像进行分类讨论.

师：分哪些情况？

生1：分对称轴在自变量取值范围的左边、中间和右边三种情况.

生2：若 $t\geqslant 2$，则 $m=2$ 时 y 取得最小值，即 $4-4t-1=2$，则 $t=\dfrac{1}{4}$（舍去）；若 $t\leqslant 1$，则 $m=1$ 时 y 取得最小值，即 $1-2t-1=2$，则 $t=-1$；若 $1<t<2$，则 $m=t$ 时 y 取得最小值，即 $t^2-2t^2-1=2$，方程无解.综上所述 t 的值为 -1.

师：非常好！通过大家的努力，我们成功解决了这道难题.那么在今后遇到类似的问题我们该怎样思考解决？

生：分解问题，数形结合……

设计意图:当数学问题由简单变得较为复杂时,引导学生将复杂问题分解成"几个小问题"是解决难题的有效方法.本题培养学生发散思维,他们既可以从方程的角度去解决,也可以从函数的角度去解决.教师引导学生再次体会函数与方程之间的关系,感受数形结合思想方法的优越性,引导学生将所学知识、解题方法进行有效的拓展、迁移,进而引领学生实施数学思维方式的迁移.

(3)课堂总结,以图导学(图4-17).

评析:问题是主题教学的核心,针对二次函数与一元二次方程的关系这一主题,教师以一道母题引入本节课的教学内容,帮助学生串联已有的知识碎片,形成完整的知识框架,并基于此框架不断地变式,从而呈现出有内在联系与逻辑关系的一系列问题.它不仅可以让学生深刻理解数学概念的内核,掌握数学思想方法的本质,还能引导学生主动探索并解决数学问题,培养学生的数学核心素养.

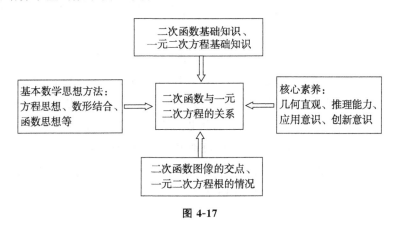

图 4-17

5. 回顾与反思

(1)关注主题课的内容设计.

在设计概念主题课教学内容、教学流程时,要从学生的认知水平、知识储备出发,结合教学内容以及数学中所蕴含的数学思想方法,站在单元整体的教学观念下,设计具有层次的问题来帮助学生回顾与本节课相关的知识;在教学主体环节,有针对性地进行变式并拓展与主题相匹配的问题,引导学生发现和提出问题,分析和解决问题,在解决问题的同时,提炼方法和数学思想,切实提高学生的数学素养.

(2) 关注知识点的拓展延伸.

对教学内容进行适当的拓展延伸,使得教学过程有层次、有内涵,增强学生学习数学的信心.在问题探究中,引导学生基于二次函数与一元二次方程的关系挖掘更深层次的数学信息和规律,并加抽象、提炼,完善和优化数学知识体系,提升学生综合运用能力,促进学生数学思维水平、创新能力、知识迁移能力的有效提升,进而提高学生的深度学习能力.

(3) 关注学生思维的生长.

杜威曾说:"学习就是要学会思维,教育的目的不是学会知识,而是习得一种思维方式."数学教学应当在学生对知识和技能初步理解和掌握后,通过主题课的形式,进一步深化和熟练,使其在学习中学会运用课本知识举一反三解决各类问题,为此,我们应加强概念主题课的教学,帮助学生把所学的知识点融会贯通,引导学生学会研究数学问题的方法与策略,让学生在解决问题的过程中体验成功的喜悦,提高学生学习的兴趣,增强数学教学的效率,进而促进学生的思维生长,提升学生的数学核心素养.

《课程标准(2022年版)》提出:学生的学习应是一个主动的过程,认真听讲、独立思考、动手实践、自主探索、合作交流等是学习数学的重要方式.教学活动应注重启发式,激发学生学习兴趣,引发学生积极思考,鼓励学生质疑问难.基于概念主题课的设问,可以以问题链为主线,启发思路,帮助学生建构知识体系、培养良好思维习惯和提升数学问题解决能力.系列问题的提出、探究和解决,让教学过程不是停留在知识传授的层面上,而是通过问题链的指引,让学生获取知识技能,培养学生的问题意识、思维能力,进一步深化知识的学习.

4.2 单元主题课教学案例

4.2.1 以"圆中的相似问题"为例

1. 课标阐述

理解圆、弧、弦、圆心角、圆周角的概念,了解等圆、等弧的概念;探索并掌握点与圆的位置关系;探索并证明垂径定理:垂直于弦的直径平分弦以及弦所对的两条弧;探索圆周角与圆心角及其所对弧的关系,知道同弧(或等弧)所对的圆周角相等.了解并证明圆周角定理及其推论:圆周角等于它所对弧上的圆心角的一半;直径所对的圆周角是直角,90°的圆周角所对的弦是直径;圆内接四边形的对角互补;了解三角形的内心与外心;了解直线与圆的位置关系,掌握切线的概念;能用尺规作图:过不在同一直线上的三点作圆,作三角形的外接圆、内切圆,作圆的内接正方形和内接正六边形,过圆外一点作圆的切线;探索并证明切线长定理:过圆外一点的两条切线长相等;会计算圆的弧长、扇形的面积;了解正多边形的概念及正多边形与圆的关系.

2. 教材分析

本课题是九年级二轮复习的一节单元主题复习课,学生已经初步具备圆、图形的相似、图形的变换等一些图形的研究基础,已经拥有一定的几何推理能力.本课题的设计意图在于将学生所学图形的性质相关知识融合在一起,让学生通过问题变式、问题探究的方式,进一步提高几何推理能力和综合运用能力.

3. 目标制定

(1)通过单元主题复习,使学生对圆中的综合问题有更深入的理解,并能在新情境中迁移应用.

(2)通过问题变式,使学生在变式中探求不变的规律,掌握问题的本质,提高数学问题解决能力.

教学重点:掌握圆与图形的相似综合问题,学会用运动变化的观点分析数学问题.

教学难点：在图像多种变换下探究问题的本质，能综合运用已学图形的知识，解决复杂疑难数学问题．

4．教学过程

（1）设置情境，引发认知冲突．

师：我们已经学习了相似三角形的相关判定和性质．你们能由图 4-18(1) 中的条件判断两个三角形相似吗？

生：图 4-18(1) 中两个三角形只有一对 $\angle AEC$ 与 $\angle BED$ 相等，条件不够．

师：那么如果在图 4-18(1) 中添加一个外接圆得到图 4-18(2)，能找到相似三角形吗？

生：能，因为 $\angle A$ 与 $\angle D$ 都是 $\overset{\frown}{BC}$ 所对的圆周角，所以 $\angle A = \angle D$．又 $\angle AEC = \angle BED$，可得 $\triangle ACE \backsim \triangle DBE$．

师：在图 4-18(2) 中，如果连接 BC，添加条件"$\overset{\frown}{AC} = \overset{\frown}{BC}$"，如图 4-18(3)，请找出图 4-18(3) 中的相似三角形，并说明理由．

生：$\triangle ACE \backsim \triangle DBE$ 仍然成立．由于 $\overset{\frown}{AC} = \overset{\frown}{BC}$，可得 $\angle D = \angle ABC$．又有 $\angle BCE = \angle DCB$，从而得到 $\triangle BCE \backsim \triangle DCB$．所以可以找到两对相似三角形．

师：如果将图 4-18(3) 的条件"$\overset{\frown}{AC} = \overset{\frown}{BC}$"换成"$AC^2 = AE \cdot AB$"，请找出图 4-18(3) 中的相似三角形，并说明理由．

生：$\triangle ACE \backsim \triangle DBE$ 仍然成立．由于 $AC^2 = AE \cdot AB$，又有 $\angle A = \angle A$，可得 $\triangle ACE \backsim \triangle ABC$，从而得到 $\triangle DBE \backsim \triangle ABC$．所以可以找到三对相似三角形．

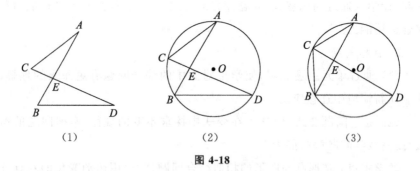

图 4-18

师：请问此时图 4-18(3) 中点 A 的位置有怎样的特点？为什么？

生:点 A 为 $\overset{\frown}{CD}$ 的中点.从刚才的 $\triangle DBE \backsim \triangle ABC$,可得 $\angle DBE = \angle ABC$.由于 $\angle DBE$ 对 $\overset{\frown}{AD}$,$\angle ABC$ 对 $\overset{\frown}{AC}$,可得 $\overset{\frown}{AD}=\overset{\frown}{AC}$,所以点 A 为 $\overset{\frown}{CD}$ 的中点.

师:很好!从刚才系列问题中,我们能够体会到圆有其独特的性质,如圆周角定理、等对等定理等,这些定理为研究相似三角形提供了角相等的条件,这也是我们今天要学习"圆中的相似问题"这一专题的目的.

评析:在本段的教学中,教学不是传统的"概念复习—例题讲解—习题训练—布置作业"的复习模式,也不是同类试题的重复训练,而是由一个问题,引发学生认知冲突,利用圆的情境,围绕找相似三角形这条主线,通过变式练习和问题链的设置,激活学生先前知识,引导学生建立知识点间联系,引发学生深度思考.通过"激活—应用—变式练习—反思—迁移"的教学模式,促使学生加深知识的理解,提升知识迁移应用的能力.

(2)构造问题,引导反思总结.

师:如图 4-19(1),AC 为圆 O 的直径,$AC \perp BD$,垂足为点 F.

问题1:如果点 E 为 $\overset{\frown}{AB}$ 上一动点,直线 CE 交直线 BD 于点 G,如图 4-19(2),$BG=2$,$DF=4$,$CG=3$,求 CE 的长.

生1:由直径 $AC \perp BD$,可得 $BF=DF=4$.连接 EB,得到 $\triangle EBG \backsim \triangle DCG$,从而求得 $EG=4$,$CE=7$.

生2:也可以连接 BC,可得 $\triangle BCG \backsim \triangle EDG$,从而求得 $EG=4$,$CE=7$.

师:刚才两位同学的方法都不错,是否还有其他解决办法?

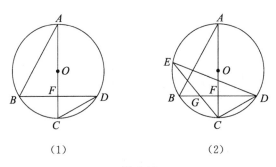

图 4-19

生：可以不添加任何辅助线，直接证明△DCG∽△ECD，可得$CD^2=CG·CE$，求出CD^2即可，由于$CD^2=CF^2+DF^2=CG^2-FG^2+DF^2=21$，所以$CE=7$．

师：刚才这位同学没有添加辅助线也能解决，方法也是挺不错的．

问题2：如果点E运动到$\overset{\frown}{CD}$上（点C和点D除外），如图4-20(1)，其他条件不变，△DCG与△ECD是否仍然相似？请说明理由．

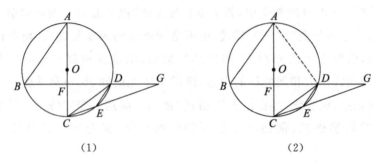

(1)　　　　　　　　　　　(2)

图 4-20

生1：连接AD，如图4-20(2)，因为四边形$ACED$为圆的内接四边形，所以$\angle CAD+\angle CED=180°$．由$AC$为直径，可得$\angle ADC=90°$．又$AC\perp BD$，可得$\angle CAD=\angle FDC$．又$\angle FDC+\angle CDG=180°$，所以$\angle CED=\angle CDG$．又因为$\angle DCE=\angle GCD$，所以△DCG∽△ECD．

生2：也可以连接AE，如图4-21(1)，由AC为直径，可得$\angle AEC=90°$，则有$\angle CAE+\angle ACE=90°$．又$\angle G+\angle ACE=90°$，所以$\angle CAE=\angle G$．因为$\angle CAE=\angle CDE$，所以$\angle G=\angle CDE$．又因为$\angle DCE=\angle GCD$，所以△DCG∽△ECD．

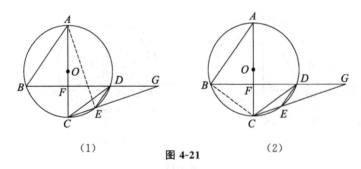

(1)　　**图 4-21**　　(2)

生3：也可以连接 BC，如图 4-21(2)，由直径 $AC \perp BD$，可得 $\overset{\frown}{BC} = \overset{\frown}{CD}$，所以 $\angle CBD = \angle CDB$．因为四边形 $BCED$ 为圆的内接四边形，所以 $\angle CBD + \angle CED = 180°$．又因为 $\angle CDB + \angle CDG = 180°$，所以 $\angle CED = \angle CDG$．又因为 $\angle DCE = \angle GCD$，所以 $\triangle DCG \backsim \triangle ECD$．

师：刚才同学们得到了多种证明 $\triangle DCG$ 与 $\triangle ECD$ 相似的办法，你们能归纳一下添加辅助线有什么规律吗？

生：关键条件中有 AC 是直径，前两位同学运用了"直径所对的圆周角是直角"这一定理添加辅助线，构造出直角三角形．第三位同学运用了垂径定理．当然如果第三位同学不用垂径定理，用"直径所对的圆周角是直角"这条定理也是可以解决问题的．

师：哦？你讲讲看．

生：由 AC 为直径，可得 $\angle ABC = 90°$．又 $AC \perp BD$，所以 $\angle A = \angle DBC$．因为 $\angle A = \angle BDC$，所以 $\angle DBC = \angle BDC$，下面步骤一样．

师：也不错！如果条件中有直径，我们往往可以添加辅助线，运用"直径所对的圆周角是直角"构造直角三角形，因此许多情况下辅助线的添法是有规律可循的，同学们今后要善于发现并总结．

评析：在本段的教学中，探究活动中问题情境的设置，充分调动了学生探究的积极性，激发了学生的潜能．教师借助基本图形图 4-19(1)，构造了两个问题，在解决问题1时，学生发现了不添加任何辅助线，也可证明 $\triangle DCG$ 与 $\triangle ECD$ 相似．教师顺应学生的思维，提出了问题2，让学生探究 $\triangle DCG$ 与 $\triangle ECD$ 在新的情境下是否仍相似．当学生得到三种解法后，教师引导学生反思本题添加辅助线的共性，并与学生一起提炼了一般性的规律．意外的是学生在反思过程中，提出不用垂径定理也可以证明结论，从而得到了另一种解法，将课堂探究气氛推向了高潮．此外，在教学中，教师多次使用元认知提示语，有效引导学生积极反思自身探究过程，及时调整策略与思维，从而进一步凸显了学生的主体性地位．教师通过"探究—反思—总结—提炼"教学模式，引导学生建立起新旧知识之间的联系，建构个人知识体系，促进学生对多维知识的整合，并在不同的复杂情境中解决问题．

（3）问题探究，发展高阶思维．

师：如图4-22(1)，在圆O中，AC为圆O的直径，且$AC \perp BD$．

探究1：如果$OB = 4$，$OF = 1$，试求出BD，AB的长．

（学生很快解决，$BD = 2\sqrt{15}$，$AB = 2\sqrt{10}$）

探究2：在探究1的条件下，如果点E在$\overset{\frown}{BC}$上运动，如图4-22(2)，直线AE与直线OB交于点M，M为OB的中点，直线BC与直线DE交于点G，求BG的长．

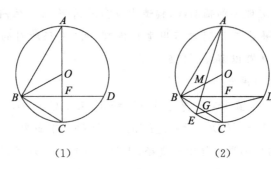

图 4-22

生：要求BG，需要利用$\triangle BDG$与$\triangle BAM$相似．

师：你是如何想到利用$\triangle BDG$与$\triangle BAM$相似的？

生：探究1中已求得BD，AB，再加上$BM = 2$，可以研究BM，AB所在的$\triangle ABM$与BD，BG所在的$\triangle BDG$是否相似，如果相似就可以利用比例线段求解BG．

师：你能说明为什么相似吗？

生：可以，由直径$AC \perp BD$，可得$\overset{\frown}{BC} = \overset{\frown}{CD}$，则有$\angle DBC = \angle BAO$．又$\angle BAO = \angle ABO$，所以$\angle ABO = \angle DBC$．因为$\angle BAM$与$\angle D$是$\overset{\frown}{BE}$所对的圆周角，所以$\angle BAM = \angle D$，因此$\triangle BDG \backsim \triangle BAM$，可求得$BG = \sqrt{6}$．

探究3：如果点E在$\overset{\frown}{AD}$上运动（点A和点D除外），如图4-23，直线AE与直线OB相交于点M，直线BC与直线DE相交于点G，$\triangle ABM$与$\triangle DBG$是否相似？请说明理由．

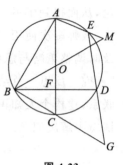

图 4-23

生：仍然相似．$\angle ABO = \angle DBC$仍然成立，方

法与前面一样.因为四边形 $ABDE$ 为圆的内接四边形,所以 $\angle BAM = \angle BDG$,所以 $\triangle BDG \backsim \triangle BAM$ 仍然成立.

探究 4:如果点 E 运动到和点 A 重合,探究 3 的其他条件不变,试画出图形,$\triangle ABM$ 与 $\triangle DBG$ 是否相似?请说明理由.

(小组讨论,尝试画图,教师适当指导,最后运用多媒体投影展示学生的成果,如图 4-24)

师:从同学画出的图形来看,大家发现直线 AM 有怎样的特征?(学生齐声答⊙O 的切线)

师:能说出理由吗?

生:当点 E 运动到和点 A 重合时,AM 和⊙O 有唯一公共点 A,所以直线 AM 为圆 O 的切线.

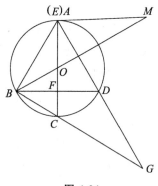

图 4-24

师:是的,那么 $\triangle ABM$ 与 $\triangle DBG$ 是否相似?请说明理由.

生:由于 AM 为切线,所以 $\angle OAM = 90°$,$\angle BAM = 90° + \angle BAO$,$\angle BDG = 90° + \angle CAD$.由直径 $AC \perp BD$,可得 $\overset{\frown}{BC} = \overset{\frown}{CD}$,所以 $\angle BAO = \angle CAD$,所以 $\angle BAM = \angle BDG$.又 $\angle ABO = \angle DBC$ 仍然成立,所以 $\triangle BDG \backsim \triangle BAM$.

师:从探究 2 至探究 4 中,我们能体会到尽管点 E 是动态的,但是 $\triangle BDG$ 与 $\triangle BAM$ 相似的结论始终没有发生改变,而且有些相等关系始终没有发生改变(如 $\angle ABO = \angle DBC$).这是数学中常见的"在变中求不变"的数学思想.

师:从刚才几个探究问题中,我们还能提出怎样的一般性结论?大家可以讨论一下.(学生分组讨论)

生:如果点 E 在⊙O 上运动,其他条件不变,只要 $\triangle ABM$ 与 $\triangle DBG$ 存在,它们一定相似.

师:(教师动画演示,拖动点 E 在⊙O 上运动一周)课后同学们可以研究一下该同学得出的结论是否成立.

评析:在本段的教学中教师精心设计,编制了系列探究问题,合理编排知识内容的呈现顺序和方式,问题由浅入深、层层递进,教师采用开放式提问,引导学生自主、合作、探究,让学生亲历感受特殊到一般、分类讨论等数学思想,引导学生批判理解、探究思考、反思总结、迁移应用再到问题解决,促进了学生高阶思维的发展和数学深度学习的实现.

5. 回顾与反思

(1) 激活学生自主探究欲望,建构自身的知识结构体系.

《课程标准(2022年版)》明确提出:学生经历数学的学习运用、实践探索活动的经验积累,逐步产生对数学的好奇心、求知欲,以及对数学学习的兴趣和自信心,初步养成独立思考、探究质疑、合作交流等学习习惯,初步形成自我反思的意识.众多研究发现自主、合作、探究的学习方式更容易激发初中生学生学习数学的兴趣,拓宽其参与课堂活动的广度.课堂教学中的独白和灌输不可能促进学生高阶思维的发展,无法促进学生深度学习,只有引导学生主动探究,学生之间相互交流、相互沟通、相互启发、相互补充,才能促使他们对数学知识深度理解、灵活运用.也只有这样,学生的数学学习才是积极主动的,才能够真正激发学生学习数学的内在动机.

正如祁平说:"离开探究的数学教学,就没有思维的广阔空间,就没有鲜活的思维火花,就不可能有创造能力的培养和提升.基于探究的数学教学能创造自由呼吸的课堂,只有自由呼吸的课堂才能让学生自由想象,使学生富有创新精神并能付诸实践."在第三段的教学中,教师通过系列探究问题和开放式提问,引导学生自主探究和合作探究,让学生亲历探究、发现、总结、迁移的过程,形成自身的知识结构体系.这样做尽管面临诸多困难,却增强了学生探求新知的热情,提高了学生的数学思考能力,提升了学生个人数学素养.这才是一个人学习、生存、生长、发展、创造所必须经历的过程,也是一个人的能力、智慧发展的内在要求.

(2) 积极运用元认知提示语,引发数学学习过程的反思.

反思作为一种重要的高阶思维能力,是促进深度学习的重要策略之一.反思贯穿于整个学习活动过程,其主要目标是通过对学习过程及结果的调控来促进问题解决,深度学习的最终目的也是要解决真实情境中的复杂问题.在课堂教学中,教师应引导学生及时反思,运用多样化学习策略,对数学概念、定理、公式等进行甄别、分析、评价、应用,主动调控学习过程和结果,形成自我对数学知识的深度理解,促进学习目标的达成及数学高阶思维能力的提升.

在第二段的教学中,教师将点 E 设为动点,引导学生通过多种方法,探究发现△DCG 与△ECD 在新的数学情境下仍然相似.过程中教师还多次合理使用元认知提示语,引导学生及时反思、归纳、总结添加辅助线的规律,建构个人知识体系,促进学生总结数学规律、思考数学本质、提升数学学习能力.

(3)以过程性评价作为导向,促进学生全面发展与提升.

过程性评价既注重学习效果,又关注学习的过程,包括学习过程中的非智力因素.对学生学习质量进行评判,能促使学生对自身学习过程进行反思,调整学习方式,深化对知识的理解.

本案例中,教师在与学生的互动中,积极引导学生关注自身的学习过程,及时对自身的学习结果进行评价.例如,在第三段教学中,教师通过层层设问,促使学生关注自身的学习过程,不断自我反思并调整计划与策略,充分调动了学生的学习积极性,培养了学生的学习兴趣与探索精神,提升了学生的数学素养.

(4)揭示数学的思想与本质,发展学生的高阶思维能力.

初中数学深度学习要求学习者能把握数学本质,灵活运用数学思想,这样才能提升个人思维品质和学习效能.因此,数学教学过程中应注重师生积极互动,注重数学思想方法、数学史与教学的融合,让学生"自然"建构知识体系,使学生获得数学素养和生命质量的整体提升.

在教学中,教师要摒弃一味地讲授、纯粹的数学技能训练,对学生认知水平作深度预估,引导学生挖掘数学规律、数学知识的本质属性及蕴含的数学思想.例如,在第三段教学中,教师设计了系列探究问题,在教师的引导下,学生亲历感受特殊到一般、分类讨论等数学思想,同时感受到尽管是动态的问题,但△ABM 与△DBG 相似的本质始终没有发生变化,问题解决的思路没有发生本质变化.

教师要保持持续学习的恒心,不断提高自身教学能力、科研能力和专业素养,以培养学生数学学科核心素养为宗旨,在实践中潜心摸索,探索基于核心素养和深度学习的教学策略,促进学生数学深度学习的实现,方能培养出推动未来社会发展的开拓者.

4.2.2 以"与三角形相关的综合问题"为例

1. 课标阐述

理解三角形及其内角、外角、中线、高线、角平分线等概念,了解三角形的稳定性.探索并证明三角形的内角和定理.三角形的外角等于与它不相邻的两个内角的和.理解全等三角形的概念,能识别全等三角形中的对应边、对应角.掌握基本事实:两边及其夹角分别相等的两个三角形全等;两角及其夹边分别相等的两个三角形全等;三边分别相等的两个三角形全等.理解等腰三角形的概念,探索并证明等腰三角形的性质定理:等腰三角形的两个底角相等;底边上的高线、中线及顶角平分线重合.探索并掌握等腰三角形的判定定理:有两个角相等的三角形是等腰三角形.探索等边三角形的性质定理:等边三角形的各角都等于60°.探索等边三角形的判定定理:三个角都相等的三角形(或有一个角是60°的等腰三角形)是等边三角形.探索并掌握判定直角三角形全等的"斜边、直角边"定理.了解相似三角形的判定定理:两角分别相等的两个三角形相似;两边成比例且夹角相等的两个三角形相似;三边成比例的两个三角形相似.了解相似三角形判定定理的证明.了解相似三角形的性质定理:相似三角形对应线段的比等于相似比;面积比等于相似比的平方.会利用图形的相似解决一些简单的实际问题.

2. 教材分析

本节课属于九年级二轮复习的一节单元主题复习课,学生已经对三角形已经有了全面的认识,其中包括等腰三角形、等边三角形、三角形全等和相似的判定及性质等知识点,已经拥有一定的综合能力.本节课想通过一道典型中考试题,进行问题变式,引导学生深入探究,激活学生的探究欲望,建构知识结构体系,从而提高学生高阶思维能力,促进学生深度学习能力的发展,培养学生数学核心素养.

3. 目标制定

(1)通过与三角形相关的综合问题的单元主题分析,使学生对三角形有全面的认识和深入理解,并能灵活运用已学的与三角形相关的知识,达成迁移应用.

(2)通过数学问题变式,使学生从变式中探求数学规律和本质,学会化归、特殊到一般等数学思想方法,提高提出问题、解决问题的能力.

教学重点:通过问题变式,使学生从多维角度、用多重方法去解决与三角形相关的数学问题.

教学难点:在探究数学问题过程中,发现蕴涵的数学规律和数学思想方法,掌握变式的本质.

4. 教学过程

(1)探究引导,启发数学创造.

师:如图 4-25(1),在△ABC 中,AB=AC,射线 BP 从 BA 所在位置开始绕点 B 顺时针旋转,旋转角为 α(0°<α<180°).

探究 1:当∠BAC=60°时,将 BP 旋转到图 4-25(2)所示位置(0°<α<60°),点 D 在射线 BP 上.若∠CDP=120°,则∠ACD 与∠ABD 的大小关系如何?

(学生很快解决,发现∠ACD=∠ABD)

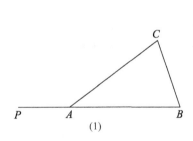
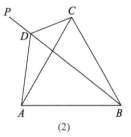

图 4-25

探究 2:在图 4-25(2)中,你们能猜想出线段 BD,CD 与 AD 之间的数量关系吗?请说明理由.

生:BD=CD+AD.在 BD 上取点 E,如图 4-26,使得 BE=CD,连接 AE.因为∠BAC=60°,AB=AC,则△ABC 为等边三角形,可得△ABE≌△ACD,所以 AE=AD,∠DAE=∠BAC=60°,可得 DE=AD,则结论 BD=CD+AD 成立.

师:刚才同学通过"截长"的办法得出结论 BD=CD+AD,有没有其他方法呢?

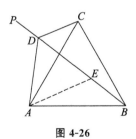

图 4-26

生1：可以采取"补短"的办法，如图4-27(1)，延长 CD 到 E 使得 $CE=BD$，连接 AE，可得 $\triangle BAD \cong \triangle CAE$，可得 $AE=AD$，$\angle CAE=\angle BAD$，可得 $\angle DAE=\angle CAB=60°$，所以 $\triangle AED$ 为等边三角形，所以 $AD=DE$，可得结论 $BD=CD+AD$ 成立.

生2：也可以延长 CD 到 E 使得 $AD=DE$，连接 AE. 如图4-27(1)，由 $\angle ACD=\angle ABD$，可得 $\triangle COD \backsim \triangle BOA$，可得 $\dfrac{CO}{BO}=\dfrac{OD}{OA}$，又由 $\angle AOD=\angle BOC$，可得 $\triangle BOC \backsim \triangle AOD$，所以 $\angle ADO=\angle BCO=60°$. 所以 $\angle ADE=60°$，所以 $\triangle AED$ 为等边三角形. 所以 $AD=AE$，$\angle CAE=\angle BAD$，所以 $\triangle BAD \cong \triangle CAE$，所以 $CE=BD$，可得结论 $BD=CD+AD$ 成立.

生3：也可以延长 AD 到点 E，使得 $DE=CD$，连接 CE，如图4-27(2)，类似生2的证明，可得 $\angle ADB=\angle ACB=60°$. 因为 $\angle CDP=120°$，所以 $\angle CDE=60°$，可得 $\triangle DCE$ 为等边三角形. 所以 $DC=CE$，$\angle ECD=60°$，可得 $\angle ECA=\angle DCB$，可以证明 $\triangle BCD \cong \triangle ACE$，从而可得结论 $BD=CD+AD$ 成立.

师：很好！刚才同学们利用多种办法解决了此探究问题，我们发现，针对此类题型可以采用"截长或补短"的办法添加辅助线.（因教材中没有讲解四点共圆的判定，所以生2、生3的方法要通过证明相似，得到 $\angle ADB=\angle ACB=60°$，略显烦琐）

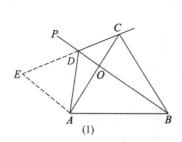
(1)

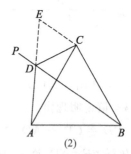
(2)

图 4-27

探究3：当 $\angle BAC=60°$ 时，将 BP 旋转到图4-28(1)所示的位置 $(60°<\alpha<180°)$. 点 D 在射线 BP 上. 若 $\angle CDP=60°$，$\angle ACD$ 与 $\angle ABD$ 数量关系如何？

生：$\angle ACD+\angle ABD=180°$. 因为 $\angle CDP=60°$, 所以 $\angle CDB=120°$. 由 $\angle BAC=60°$, 可得 $\angle ACD+\angle ABD=180°$.

师：探究 2 中 AD,CD,BD 之间的关系在探究 3 中是否仍然成立? 如果不成立, 它们之间存在怎样的数量关系? 请说明理由.

生 1：结论不成立. 数量关系应该变为 $AD=CD+BD$. 根据探究 2 中的方法, 可以考虑延长 DC 到 E 使得 $CE=BD$, 连接 AE, 如图 4-28(2). 由 $\angle ACD+\angle ABD=180°$, 所以 $\angle ABD=\angle ACE$, 所以 $\triangle ABD\cong\triangle ACE$, 所以 $AD=AE$, $\angle DAB=\angle EAC$, 所以 $\angle EAD=60°$, 所以 $ED=AD$, 可得 $AD=CD+BD$ 成立.

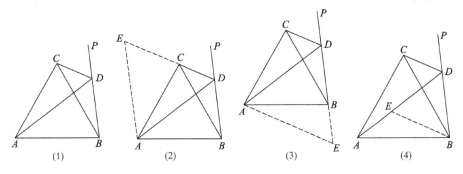

图 4-28

生 2：也可以延长 DB 到 E 使得 $BE=CD$, 可得 $\triangle ABE\cong\triangle ACD$, 如图 4-28(3), 类似可得 $AD=AE=DE$, $AD=CD+BD$ 成立.

师：两位同学的做法都不错, 当然本题也可以采取截长的办法, 课后同学们可以去研究. [采取"截长"的办法, 如图 4-28(4), 在 AD 上取点 E, 使得 $AE=CD$, 连接 BE. 利用四点共圆的办法, 求得 $\angle DAB=\angle BCD$, 可得 $\triangle AEB\cong\triangle CDB$, 可得 $AD=CD+BD$ 成立]

探究 4：当 $\angle BAC=90°$ 时, 将 BP 旋转到图 4-29(1)所示的位置($0°<\alpha<45°$), 点 D 在射线 BP 上. 若 $\angle CDP=90°$, 试探究 BD,CD,AD 之间存在怎样的关系, 小组探讨后回答.

(学生讨论)

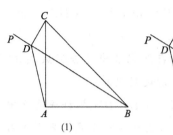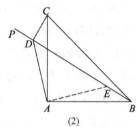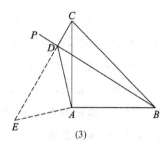

图 4-29

生1：我们小组发现 BD、CD、AD 之间的关系为 $BD-CD=\sqrt{2}AD$.与前面方法类似，采用"截长"的办法添加辅助线，在 BD 上取点 E，使得 $BE=CD$，连接 AE，如图 4-29(2)，可得 $\triangle AEB \cong \triangle ADC$，所以 $AD=AE$，$\angle CAD=\angle BAE$，可得 $\angle CAB=\angle DAE=90°$，所以 $DE=\sqrt{2}AD$，可得 $BD-CD=\sqrt{2}AD$.

生2：也可仿照前面的思路，采取"补短"的办法添加辅助线，延长 CD 到 E，使得 $CE=BD$，连接 AE，如图 4-29(3)，得 $\triangle AEC \cong \triangle ADB$，所以 $AD=AE$，$\angle DAB=\angle EAC$，可得 $\angle EAD=\angle CAB=90°$，所以 $ED=\sqrt{2}AD$，可得 $BD-CD=CE-CD=DE=\sqrt{2}AD$.

师：两位同学的方法都很好，大家通过联想前面的思路，解决了本题，本探究中 $\angle CAB$ 的度数发生了变化，但是解题思路没有发生变化，本质没有发生变化.

探究5：仿照前面的思考，将 BP 旋转到图 4-30(1)所示的位置($45°<\alpha<180°$)，点 D 在射线 BP 上.若 $\angle CDP=90°$，试探究 BD,CD,AD 之间

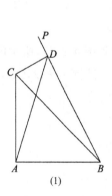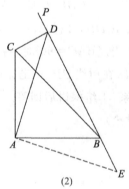

图 4-30

存在怎样的关系,小组可以互相探讨一下.(学生讨论)

生:我们探究出关系为 $BD+CD=\sqrt{2}AD$.可以延长 DB 到 E,使得 $BE=CD$,如图 4-30(2),由 $\angle CDB+\angle CAB=180°$,所以 $\angle ACD+\angle ABD=180°$,可得 $\angle ACD=\angle ABE$,可得 $\triangle ACD\cong\triangle ABE$,所以 $AD=AE$.由于 $DE=\sqrt{2}AD$,所以 $BE+BD=\sqrt{2}AD$,即 $CD+BD=\sqrt{2}AD$.

师:很好.如果 $\angle CAB=120°$,当旋转角为 $\alpha(0°<\alpha<180°)$ 时,大家课后可以尝试自己提出问题,并解决.(如图 4-31,当 $0°<\alpha<30°$,$\angle CDP=60°$ 时,$BD-CD=\sqrt{3}AD$;当 $30°<\alpha<180°$,$\angle CDP=120°$ 时,$BD+CD=\sqrt{3}AD$)

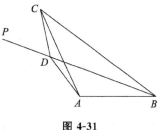

图 4-31

评析:本段中教师不是简单地将中考试题直接呈现,而是运用探究的教学方式,将中考试题拆分成几个具有探究价值的问题,与学生一起探究,推进课堂教学逐步深入.学生在解决问题时,在教师的引导下,激活自己已有经验,运用"截长补短"的添加辅助线的办法,把握数学本质,创造性地提出了多种解决问题的途径,进而提升自身主动思考的能力,促进自身深度学习及高阶思维能力的发展.

(2)问题推广,实现有效迁移.

师:在 $\triangle ABC$ 中,$AB=AC$,$\angle BAC=\beta$,射线 BP 从 BA 所在位置开始绕点 B 顺时针旋转,旋转角为 $\alpha(0°<\alpha<180°)$.

探究1:BP 旋转到图 4-32 所示位置 $\left(0°<\alpha<\dfrac{180°-\beta}{2}\right)$,点 D 在射线 BP 上.若 $\angle CDP=180°-\beta$,试探究 BD,CD,AD 之间的关系,并用含 β 的关系式表示.

(学生讨论)

生:$BD-CD=2AD\sin\dfrac{\beta}{2}$.在 BD 上取

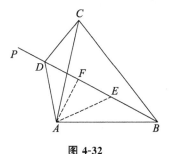

图 4-32

点 E,使得 $BE=CD$,连接 AE,可得 $\triangle ACD\cong\triangle ABE$,所以 $AD=AE$.过点 A 作 $AF\perp BD$,则 $DF=EF$.因为 $DF=AD\sin\dfrac{\beta}{2}$,所以 $BD-CD=BD-$

$BE=DE=2AD\sin\dfrac{\beta}{2}$.

师：本题方法与前面解题方法类似，从本题中可以看到，当 $\beta=60°$ 时，$BD-CD=AD$；当 $\beta=90°$ 时，$BD-CD=\sqrt{2}AD$。

探究 2：BP 旋转到图 4-33 所示的位置 $\left(\dfrac{180°-\beta}{2}<\alpha<180°\right)$，点 D 在射线 BP 上。若 $\angle CDP=\beta$，试探究 BD，CD，AD 之间的关系，并用含 β 的关系式表示。

生：$BD+CD=2AD\sin\dfrac{\beta}{2}$。延长 DB 到 E，使得 $BE=CD$，连接 AE。过 A 作 $AF\perp BD$，可得 $\triangle ACD\cong\triangle ABE$。过点 A 作 $AF\perp BD$，所以 $DF=EF$，可得 $BD+CD=BD+BE=DE=2AD\sin\dfrac{\beta}{2}$。

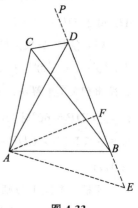

图 4-33

师：从本题中可以看到，当 $\beta=60°$ 时，$BD+CD=AD$；当 $\beta=90°$ 时，$BD+CD=\sqrt{2}AD$。

(3) 二次推广，促进深度学习。

师：在 $\triangle ABC$ 中，$\dfrac{AB}{AC}=k$，$\angle BAC=\beta$（β 为锐角），射线 BP 从 BA 所在位置开始绕点 B 顺时针旋转，旋转角为 α（$0°<\alpha<180°$）。

探究 1：BP 旋转到图 4-34 位置 $\left(0°<\alpha<\dfrac{180°-\beta}{2}\right)$，点 D 在射线 BP 上。若 $\angle CDP=180°-\beta$，试探究 BD，CD，AD 之间的关系，并用含 β，k 的关系式表示。

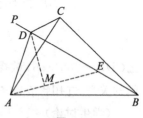

图 4-34

(学生讨论)

生：在 BD 上取点 E，使得 $BE=kCD$，连接 AE。过点 D 作 $DM\perp AE$ 交 AE 于 M，可得 $\triangle ACD\sim\triangle ABE$，所以 $AE=kAD$，$\angle DAE=\angle CAB=\beta$，$AM=AD\cos\beta$；$DM=AD\sin\beta$，$DE=\sqrt{AD^2\sin^2\beta+(kAD-AD\cos\beta)^2}=AD\cdot$

$\sqrt{1-2k\cos\beta+k^2}$,可得 $BD-kCD=AD\sqrt{1-2k\cos\beta+k^2}$.

师：此题难度较大，但解题方法与前面的方法类似.特别地，当 $k=1$ 时，$BD-CD=AD\sqrt{2-2\cos\beta}$.这个结论与 $BD-CD=2AD\sin\dfrac{\beta}{2}$ 是相同的，这要用到以后高中阶段的知识解决 $\left(\sqrt{2-2\cos\beta}=\sqrt{2-2\left(1-2\sin^2\dfrac{\beta}{2}\right)}=\sqrt{4\sin^2\dfrac{\beta}{2}}=2\sin\dfrac{\beta}{2}\right)$.

探究 2：BP 旋转到图 4-35 所示的位置 $\left(\dfrac{180°-\beta}{2}<\alpha<180°\right)$，点 D 在射线 BP 上.若 $\angle CDP=\beta$，试探究 BD,CD,AD 之间的关系，并用含 β,k 的关系式表示.

师：大家能否直接写出结论？

生：$BD+kCD=AD\sqrt{1-2k\cos\beta+k^2}$.

师：很好！大家可以课后去研究一下如何

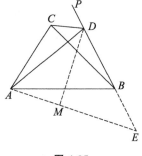

图 4-35

解答.(延长 BE，使得 $BE=kCD$，连接 AE.过点 D 作 $DM\perp AE$ 交 AE 于 M，其他类似探究 1 中方法解决)

评析：第 2 段和第 3 段教学中，教师不是讲完一道中考题就结束，而是运用一般化的数学思想，将原有的探究条件进行改编，利用两次推广，与学生共同探究出了一般性的结论.学生从中能充分领略到"变中求不变"的数学思想，并在新的教学情境中实现了有效迁移，进而促进自身深度学习的达成.

5. 回顾与反思

（1）深挖素材，打造有效课堂.

在教学中，教师要充分挖掘教材中的探究素材.从广义上讲，教材不仅局限于课本，凡是有利于学习者增长知识或发展技能的材料都称为教材.从这个层面理解，教材还包括练习册、网络上的学习资料等.在教学中，教师要充分挖掘教学素材，对一些素材不能就事论事、就题论题，而要举一反三，充分运用数学思想方法、数学学科工具，挖掘教学素材潜在的教育功能，激发学生的求知欲，培养学生的创新意识，促进学生对数学知识的深度理解及高阶思维的发展.

本节课,教师以一道中考试题为素材,深度挖掘素材,不是就题论题、为讲题而讲题,而是充分运用了从特殊到一般的数学思想方法.特别在第2段和第3段教学中,以探究的教学方式引导学生深度探索,通过改编原始问题的条件,与学生共同得出一般性的结论,让学生充分体验课堂教学的有效性,充分感受数学学科的魅力及教师教学的艺术,提高学生学习数学的兴趣,引发学生对数学问题的深度思考,促进其深度学习能力的提升.

(2)合作探究,培养创新思维.

《课程标准(2022年版)》明确提出:学生的学习应是一个主动的过程,认真听讲、独立思考、动手实践、自主探索、合作交流等是学习数学的重要方式.教学活动应注重启发式,激发学生的学习兴趣,引发学生积极思考,鼓励学生质疑问难,引导学生在真实情境中发现问题和提出问题,利用观察、猜测、实验、计算、推理、验证、数据分析、直观想象等方法分析问题和解决问题.实践证明,合作探究的学习方式更容易激发学生学习数学的兴趣,拓宽学生参与课堂活动的广度.只有引导学生主动探究、相互交流、相互沟通、相互启发、相互补充,才能促进学生对数学知识的深度理解与灵活运用.随着社会的不断发展,合作探究式教学作为一种重要的教学形式,日益凸显出它的优越性,也得到了教育界广泛的认可与推广.

在本案例课中,教师以探究为主线,让学生的求知欲望被激发,思维火花在碰撞中被点燃,无论是一开始的一题多解,还是第2段和第3段教学中的原问题的进一步推广,都能充分尊重学生的个性,发挥学生的主体性,引导学生通过同伴互助的形式,主动发现问题、提出问题、分析问题、解决问题,促进学生深度学习的发生.

(3)追根溯源,探求数学本质.

张奠宙教授曾指出数学本质的内涵一般包括数学知识的内在联系,数学规律的形成过程,数学思想方法的提炼,数学理性精神的体验等方面.数学教学必须重视通过渗透数学思想揭示数学本质,让课堂因思想而厚重.数学思想方法是数学发展的推动力之一.只有能揭示数学本质、渗透数学思想的课堂,才能让学生数学思维自然流淌,才能体现数学学习过程和数学教学过程的真正统一.

在本案例中，尽管问题的条件发生了变化，但是解题的思路、添加辅助线的方法、结论的基本形式都一样，学生在教师的引导下，逐步领会到"变中求不变"的思想，整个教学案例还充分体现了从特殊到一般的数学思想.在教学中，教师要摒弃一味地讲授、纯粹的数学技能机械训练，要引导学生挖掘数学规律、蕴含的数学思想及数学知识的本质属性，才能促进学生高阶思维的发展，提升深度学习的能力.

深度学习研究的兴起是人们自觉回应知识经济、终身教育、优质教育理念对基础教育发展要求的结果，因此，如何促进深度学习和培养学生深度学习能力，将成为未来教育改革发展的重要课题.教育者应该充分挖掘教育资源，不断提高自身的专业素养，潜心研究，探索基于核心素养和深度学习的教学策略，促进学生数学深度学习的实现，进而提升学生适应社会的能力.

4.2.3 以"与四边形相关的综合问题"为例

1. 课标阐述

了解多边形的概念及多边形的顶点、边、内角、外角与对角线；探索并掌握多边形内角和与外角和公式.理解平行四边形、矩形、菱形、正方形、梯形的概念，以及它们之间的关系；了解四边形的不稳定性.探索并证明平行四边形的性质定理：平行四边形的对边相等、对角相等、对角线互相平分.探索并证明平行四边形的判定定理：一组对边平行且相等的四边形是平行四边形；两组对边分别相等的四边形是平行四边形；对角线互相平分的四边形是平行四边形.探索并证明矩形、菱形的性质定理：矩形的四个角都是直角，对角线相等；菱形的四条边相等，对角线互相垂直.探索并证明矩形、菱形的判定定理：三个角是直角的四边形是矩形；对角线相等的平行四边形是矩形；四边相等的四边形是菱形；对角线互相垂直的平行四边形是菱形.正方形既是矩形，又是菱形.理解矩形、菱形、正方形之间的包含关系.

2. 教材分析

本节课属于九年级二轮复习的一节单元主题复习课，学生已经对平行四边形、矩形、菱形、正方形等有了全面、整体的认识，已经能够熟练掌握平行四边形、矩形、菱形、正方形等的判定定理和性质定理，具有一定的几何推理能力.本节课从一道简单的定值问题出发,设置问题链,引导学生积极探索.通过深入探索,学生可以从多角度深入地理解数学知识,建构数学知识间的联系,从而在面对实际问题时,能更容易地激活数学知识,灵活地运用数学知识解决问题.

3. 目标制定

(1) 通过对与四边形相关的综合问题的研究,让学生对特殊四边形有全面的认识和深入理解,并能灵活运用已学与四边形相关的知识,最终达成迁移应用.

(2) 在不同的特殊四边形情境下,让学生去把握数学问题的本质,领会蕴涵的数学思想方法,学会归纳、总结.

教学重点:通过数学问题的变式,熟练掌握特殊四边形的判定和性质,并能将全等三角形、相似三角形等知识融会贯通,实现知识的迁移运用.

教学难点:从简单的问题着手,在复杂变式中探索一般性的解题规律和数学思想方法.

4. 教学过程

(1) 探究活动1:正方形情形.

问题1:如图 4-36,已知四边形 $ABCD$,$CFEG$ 均为正方形,点 B,C,F 在同一条直线上,连接 AE,H 为 AE 的中点,连接 DH,HG,试求 $\dfrac{DH}{HG}$ 的值.

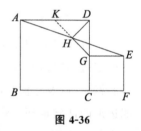

图 4-36

生:H 为 AE 的中点,在图中无法使用,因此只要延长 GH 交 AD 于 K,即可构造 $\triangle GHE \cong \triangle KHA$,得到 $KH = HG$. 又 $\angle KDG = 90°$,所以有 $DH = KH = HG$,从而求出 $\dfrac{DH}{HG} = 1$.

师:分析得很好,本题要想充分利用中点这个条件,需要采取的办法是构造全等三角形,从而求解.下面我们把图形做一个调整,探究刚才的结论是否还成立.

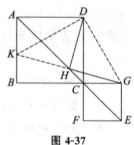

图 4-37

问题2:如图 4-37,已知四边形 $ABCD$,$CFEG$ 均为正方形,点 B,C,G 在同一条直线上,连接 AE,H 为 AE 的中点,连接 DH,HG,问题

1中 $\dfrac{DH}{HG}$ 的值发生变化吗?

生1:仿照问题1的解法,延长 GH 交 AB 于点 K,连接 DK,DG, $\triangle GHE \cong \triangle KHA$,得到 $HK=HG$.如果能得到 $DK=DG$,即可.

生2(补充):由刚才已得到 $\triangle GHE \cong \triangle KHA$,可得到 $GE=AK=CG$.又 $AD=CD$,$\angle KAD=\angle DCG$,所以 $\triangle ADK \cong \triangle CDG$,可得到 $DK=DG$,易得 $\angle KDG=\angle ADC=90°$,所以 $\dfrac{DH}{HG}$ 的值仍然为1.

师:刚才两位同学已经证明在图 4-33 所示的情况下 $\dfrac{DH}{HG}$ 的值没有发生变化.大家想一下,从刚才图 4-32、图 4-33 中,你们会提出怎样的问题?大家可以讨论一下,请代表讲讲想提的问题.

生1:刚才两幅图都是特殊状态,$\dfrac{DH}{HG}$ 的值均为1,如果图 4-32 中的点 B,C,F 不在同一条直线上,图 4-33 中的点 B,C,G 不在同一条直线上,$\dfrac{DH}{HG}$ 的值会不会还是不变呢?

生2:题中四边形 $ABCD$ 和 $CFEG$ 是两个正方形,如果换成两个矩形,会得到怎样的结论呢?

师:大家提出的问题很有创意,我们先研究一下第一位同学提出的问题,如果换成任意状态下结论是否会不变.

(教师利用几何画板演示,发现将正方形 $EFCG$ 绕点 C 任意旋转,$\dfrac{DH}{HG}$ 的值始终不变,均为1).

师:我们将题目修改如下.

问题3:如图 4-38,已知四边形 $ABCD$,$CFEG$ 均为正方形,连接 AE,H 为 AE 的中点,连接 DH,HG,问题1中 $\dfrac{DH}{HG}$ 的值发生变化吗?请说明理由.

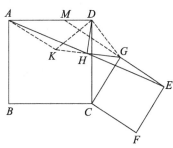

图 4-38

生:根据前面的思路,可以考虑延长 GH 到 K,使得 $HK=HG$,连接 DK,AK,DG,可证明 $\triangle GHE \cong \triangle KHA$,得到 $KH=HG$.如能证明 $\triangle ADK \cong \triangle CDG$,即可得到 $KD=GD$ 及

$\angle KDG = \angle ADC = 90°$,从而得出 $\dfrac{DH}{HG}$ 的值不会发生变化.如何证明 $\triangle ADK \cong \triangle CDG$?

师:刚才同学的思路参考了问题1、2的解题思路,但是问题在于如何证明 $\triangle ADK \cong \triangle CDG$.现在我们可以轻松得到 $AK = GE = CG$,$AD = CD$,关键在于如何证明 $\angle KAD = \angle DCG$?同学们可以讨论一下.

生:延长 EG 交 AD 于 M,因为 $AD \parallel BC$,$EM \parallel FC$,可得 $\angle AMG = \angle BCF$.由于 $\angle AMG + \angle MAE + \angle MEA = 180°$,$\angle DCG + \angle BCF = 180°$,从而得到 $\angle MAE + \angle MEA = \angle DCG$.由于 $\angle MEA = \angle KAE$,得到 $\angle KAD = \angle DCG$,可证 $\triangle ADK \cong \triangle CDG$,可以解决问题3.

评析:问题3是一个比较复杂而且有难度的问题,在教师的引导下,学生通过解决特殊情况,再从特殊情况联想到一般情况,并借鉴特殊情况的方法解决了一般性问题.这样的教学设计充分运用了数学中常见的从特殊到一般的思想方法.教师结合几何画板的演示,让学生观察正方形 $CFEG$ 继续旋转,各种不同图形中 $\dfrac{DH}{HG}$ 值有没有变化,并让学生继续探究下去,从而培养学生的探究能力、创新思维.

(2)探究活动2:长方形情形.

师:刚才有同学提出,在图4-32、图4-33这两个特殊情形下 $\dfrac{DH}{HG}$ 的值是定值1,如果将两个正方形换成两个矩形,是否仍然有 $\dfrac{DH}{HG}$ 的值为定值1呢?大家可以画图尝试一下,分小组互相探讨一下.

(学生画图分析、小组讨论)

生:我们小组通过画图研究发现如果两个矩形是任意画的,那么不一定是定值.(教师通过几何画板演示,发现的确不一定是定值)

师:那么我们是否可以添加某一个条件,使 $\dfrac{DH}{HG}$ 的值变为定值呢?

生(补充):可以添加一个两个矩形相似的条件.

师:好的.我们把刚才的问题再理一下,形成和问题1类似的问题4.

问题4：如图4-39,已知四边形ABCD、CFEG均为矩形且相似,点B,C,F在同一条直线上,连接AE,H为AE的中点,连接DH,HG,试求$\dfrac{DH}{HG}$的值.

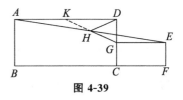

图4-39

生：仿照问题1,延长GH交AD于K,即可构造$\triangle GHE \cong \triangle KHA$,得到$GH=HK$,因此得到$\dfrac{DH}{HG}=1$.

师：很好,你又一次想到运用问题1的解法,类比得到问题4的解法.你们可以仿照问题4,尝试将问题2改编一下,画出图形,并说明结论是否成立.

学生提出问题5.

问题5：已知四边形ABCD、CFEG均为矩形且相似,点B,C,G在同一条直线上,连接AE,H为AE的中点,连接DH,HG,试证$\dfrac{DH}{HG}$为定值1.

师：(将学生的解答通过投影仪展示,如图4-40)你改编得很好,你能尝试说明成立的理由吗？

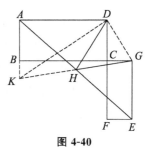

图4-40

生：类比问题2可以发现,延长GH交AB的延长线于K,连接DK、DG,则$\triangle GHE \cong \triangle KHA$仍然成立,得到$AK=GE,KH=GH$,$AD:AK=AD:GE$.由矩形相似得$AD:GE=DC:CG$,所以有$AD:AK=DC:CG$.又$\angle KAD=\angle GCD$,可得$\triangle ADK \backsim \triangle CDG$,从而得到$\angle KDG=90°$,则$DH=HG=HK$,因此得到$\dfrac{DH}{HG}=1$.

师：刚才同学们结合问题2类比提出了问题5,并解决了问题5,问题2和问题5的区别是问题2通过两次全等解决,而问题5中第一个全等没有变化,原来第二个全等变成了相似.我们已经解决了问题4和问题5,针对问题3,你们是否能提出类似的问题？请说明理由.你们可以讨论一下,派代表讲解.

学生提出问题 6.

问题 6：如图 4-41，已知四边形 ABCD、CFEG 均为矩形且相似，连接 AE，H 为 AE 的中点，连接 DH，HG，问题 5 中 $\dfrac{DH}{HG}$ 的值发生变化吗？请说明理由.

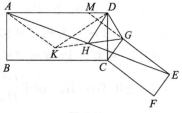

图 4-41

生：与问题 3 类似，延长 GH 到 K，使得 HK=GH，连接 AK，DK，延长 EG 交 AD 于 M，可证明 △GHE≌△KHA，得到 KH=HG，AK=GE，AK：CG=EG：CG. 由矩形相似得 EG：CG=AD：CD，得到 AD：CD=AK：CG. 由问题 3 类似可得 ∠KAD=∠DCG，从而得到 △ADK∽△CDG，因此可得 ∠KDG=∠ADC=90°，结论仍然成立.

（教师利用几何画板继续旋转矩形 EFCG，得出了不同的图形，结论不变. 建议课后研究在这些情形时，$\dfrac{DH}{HG}$ 的值是否发生变化及如何说明理由.）

评析：上面探究活动 1 中的两个图形是两个正方形，探究活动 2 中的两个图形是两个相似的矩形，教师引导学生通过类比的办法，提出了问题，并找到解决问题的方法，得到最终的比值均为定值 1，这其实是类比思想的一次成功运用. 在这个过程中，无论是在探究活动 1 中，还是在探究活动 2 中，教师引导学生从特殊情况下的问题推广得到一般情况下的问题，在解决一般性的问题时，又借鉴了解决特殊情况的思路，让学生充分体会了一般与特殊的辩证统一思想的运用.

（3）探究活动 3：菱形情形.

师：如果将题目中的两个图形改成两个均含 60°角的菱形，会有怎样的结论呢？

问题 7：如图 4-42，已知四边形 ABCD，CFEG 均为菱形，且 ∠DCB=∠GCF=60°，点 C，G，D 在同一条直线上，连接 AF，H 为 AF 的中点，连接 DH，HG，$\dfrac{DH}{HG}$ 的值是否为定值？如果是，请求出此定值.

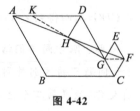

图 4-42

生：方法类似，延长 GH 交 AD 于 K，连接 FG，△GHF≌△KHA 仍

然成立,得到 $KH=GH$,$AK=GF=CG$,所以 $KD=DG$,从而得到 $\dfrac{DH}{HG}=\dfrac{\sqrt{3}}{3}$.

师:很好,现在我们仿照问题2、问题4将题目改编一下.

问题 8:如图 4-43,已知四边形 $ABCD$,$CFEG$ 均为菱形,且 $\angle DCB=\angle GCF=60°$,点 D,C,F 在同一条直线上,连接 AF,H 为 AF 的中点,连接 DH,HG,试问 $\dfrac{DH}{HG}$ 的值有没有变化?

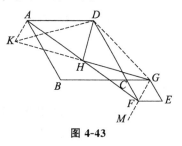

图 4-43

此问题有难度,在教师的引导下,得出解法:延长 GH 到 K,使得 $KH=GH$,连接 AK,DG,GF,延长 GF 到 M,可得 $\triangle GHF \cong \triangle KHA$,则有 $AK \parallel FG$,$AK=FG=CG$,$AD=DC$,易得 $AD \parallel EF$,所以 $\angle MFE=\angle KAD=120°$,$\angle DCG=120°$,可得 $\triangle ADK \cong \triangle CDG$,从而得到 $KD=DG$,$\angle KDG=120°$,$\dfrac{DH}{HG}=\dfrac{\sqrt{3}}{3}$.

师:请课后思考将问题7、问题8推广成一般性情况,即下面的问题9时,结论是否成立,并说明理由.

问题 9:如图 4-44,已知四边形 $ABCD$,$CFEG$ 均为菱形,且 $\angle DCB=\angle GCF=60°$,连接 AF,H 为 AF 的中点,连接 DH,HG,$\dfrac{DH}{HG}$ 的值有没有变化?

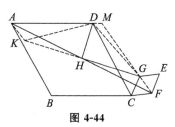

图 4-44

(思路:结论不变.延长 GH 到 K,使得 $KH=GH$,连接 AK,FG,DK,DG,延长 FG 交 AD 的延长线于 M,易得 $\triangle GHF \cong \triangle KHA$.由于 $\angle CDM=60°$,$\angle CGM=120°$,得 $\angle M+\angle DCG=180°$.又 $\angle M+\angle MAF+\angle MFA=\angle M+\angle KAM=180°$,从而得到 $\angle DCG=\angle KAM$,$\triangle ADK \cong \triangle CDG$,结论不变.)

评析:在教师的引导下,学生解决了探究活动1、探究活动2中两个图形为正方形和长方形的问题,联想到另一种特殊的四边形菱形,当两个图形为菱形时,是否也有类似的问题.为能解决问题,教师设计了探究活动3,从两个含60°角的菱形着手研究,提出了类似的问题,并得到相应的结论.

(4)探究活动4：平行四边形情形.

师：你们经历了从问题1到问题9的探究之后，有没有什么想法呢？

生：刚才研究的都是特殊的平行四边形，如果题目中两个图形是两个相似的任意平行四边形，感觉也会有类似的结论，比值可能也是定值，但是定值是多少？定值与哪些因素相关？这个还需要研究.

师：这位同学总结得很好，这个问题我们作为一个研究性课题，大家分组来研究.

学生可以结合高中的三角函数一些知识，得出结论如下：如图4-45，已知平行四边形$ABCD$∽平行四边形$GCFE$，连接AE，H为AE的中点.
设$AD:CD=k$，$\angle B=\alpha$，连接DH，GH，则$\dfrac{DH}{HG}=\sqrt{\dfrac{k^2+2k\cos\alpha+1}{k^2-2k\cos\alpha+1}}$.

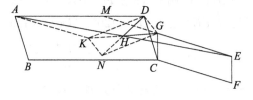

图 4-45

5. 回顾与反思

(1)数学探究课堂应以合情推理与演绎推理相结合为支撑.

《课程标准(2022年版)》提出：引导学生感悟基本事实的意义，经历几何命题发现和证明的过程，感悟归纳推理过程和演绎推理过程的传递性，增强推理能力，会用数学的思维思考现实世界.探究活动1中问题3的提出和探究活动2中的特殊状态下问题的设计，不是直接给出命题让学生论证，而是让学生通过探究、讨论、猜想并推广问题1、问题2，同时提出了探究活动2，课堂中还有多处类似的探究活动片段.牛顿说："没有大胆的猜想，就做不出伟大的发现."当然，由合情推理得到的猜想往往需要证实，这就要通过演绎推理给出证明或举出反例.因此，探究课堂要重视学生将合情推理和演绎推理结合，才能发展学生的逻辑推理能力，培养学生勇于探索、敢于创新、追求真理的科学精神.

(2) 数学探究课堂应以自主探究与合作探究相结合为支撑.

《课程标准(2022年版)》中提出：学生的学习应是一个主动的过程,认真听讲、独立思考、动手实践、自主探索、合作交流等是学习数学的重要方式.Lindfors提出的"合作探究(collaborative inquiry)"为共同反思之意,即参与者经历共同探索过程,实现对问题新的理解.在数学探究课堂教学中,教师应注重自主探究与合作探究的结合,充分发挥集体的力量,让思维的火花在热烈讨论中激荡.在本节课中,在探究活动1中问题2结束后,教师通过提问引导学生积极探究,学生在互相讨论、合作探究的过程中产生了两个创新思考.教师根据他们的思考继续探究下去,得到一般性的结论(问题3),同时为探究活动2的进一步研究做好铺垫.

(3) 数学探究课堂应以教师引导与学生自主学习相结合为支撑.

《课程标准(2022年版)》中提出：能够在解决问题的过程中,学会独立思考、合作探究,形成批判质疑、克服困难、勇于担当的科学精神,具备一定的创新意识.数学探究课堂中教师若不能结合学生、教材、课堂的特点进行引导,必然会出现"引而不发"的局面,更不要谈及让学生自主参与课堂了；而学生自主学习若缺乏教师的适度引导,必然会"事倍功半"抑或"半途而废".在本节课的探究活动的每个环节中,从正方形情形到长方形情形,再到菱形情形,再到平行四边形情形,教师的引导与学生自主学习在高效互动的基础上达到了"和谐统一".教师与学生一起进行探究、思考、交流、反思等认知活动,引导学生创造性地提出或解决一些有价值的问题和结论,对学生而言,其意义远胜于多做了几道数学练习题.学生对数学的体验及科学精神的形成正得益于课堂中师生积极互动中探究意识与探究精神的展现.

(4) 数学探究课堂应以数学思想渗透与探究能力培养相结合为支撑.

史宁中提出："数学知识可能会遗忘,但数学思想将伴随一生.因此,数学教学必须重视通过渗透数学思想揭示数学本质,让课堂因思想而厚重."在数学课堂中,数学探究与数学思想方法相辅相成：数学探究课堂因为数学思想方法的运用而精彩；数学思想方法伴随数学探究的深入而熠熠生辉.学生的数学探究能力正是在一次次数学思想运用中得到提升的.比如,在探究活动2中,学生通过类比的方法,作出辅助线解决了问题4,然后教师提出是否可以尝试将问题2进行改编,画出图形,并说明理由,教师又一次利用类比思想引导学生进一步探究.再比如,在探究活动1中,在解决了问题1、问题2这两种特殊情形后,教师引导学生利用从特殊到一般的数学思想,创造性地提出如果将问题1和问题2中的特殊条件删除,是否会有一般性的结论,即问题3.学生运用问题1和问题2的特殊情形下的解题思路解决了问题3,再次运用了从特殊到一般的数学思想.

学者祁平提出:"离开探究的数学教学,就没有思维的广阔空间,就没有鲜活的思维火花,就不可能有创造能力的培养和提升,基于探究的数学教学能创造自由呼吸的课堂,只有自由呼吸的课堂才能让学生自由想象,使学生富有创新精神并能付诸实践."数学教师要善于挖掘探究素材,把握好探究的每一个机会和细节,积极开展探究教学,让探究成为课堂教学的常态,数学课堂必定会充满生机、充满活力、充满无限想象力,定会绽放精彩.

4.2.4 以"三角形中线与面积问题"为例

1. 课标阐述

理解三角形及其中线、高线、角平分线等概念,了解三角形重心的概念.图形的教学,需要引导学生理解欧几里得平面几何的基本思想,感悟几何体系的基本框架,组织学生经历图形分析与比较的过程,引导学生学会关注事物的共性、分辨事物的差异,会用准确的语言描述研究对象的概念,提升抽象能力.

2. 教材分析

本课时是重点研究三角形中线和面积的关系主题.在小学时,学生已经初步了解三角形中线将三角形的面积分成两个面积相等的部分,初中阶段,需进一步进行深入研究,学会从复杂图像中辨别基本图形,领会化归数学思想方法.

3. 目标制定

(1) 知道三角形中线平分三角形的面积,理解其原理及推论.

(2) 经过对三角形中线与面积问题的探究,加深对所学知识的理解,强化前后知识的联系,形成清晰的数学知识网络,同时获得系统的数学研究方法,提高自身的数学素养,促进学生的深度学习.

教学重点:熟练运用三角形中线与面积关系的结论.

教学难点：能在复杂图形中分离出基础的数学模型.

4．教学过程

（1）基础回顾，以练领学.

问题1：如图4-46，在△ABC中，$AB=6$，$BC=8$.

① 如图4-46（1），△ABC的边BC上的高$AD=5$，则△ABC的面积为_____；

② 在图4-46（1）中作出AB边上的高CE，则CE的长为_____；

③ 如图4-46（2），若AF是△ABC的中线，则△ABF的面积为_____；

④ 在③的基础上，若G是BC边上一点，且$BG:GC=2:1$，则△AFG的面积为_____.

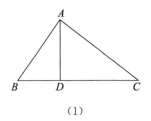
（1）

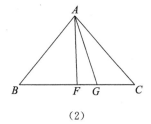
（2）

图 4-46

设计意图：在课堂起始阶段，教师通过问题驱动的方式，以小题带知识、引方法，帮助学生回顾旧识，再现三角形的高与面积、中线与面积的关系等相关知识.学生经历思考问题、解决问题和教师评价的过程，夯实基础知识，熟练基本方法，形成较为系统的、条理化的知识结构，为后续的学习作铺垫.

（2）专题变式，以探研学.

问题2：如图4-47，已知△ABC的面积为20，CD是△ABC的中线.

① 如图4-47（1），若点E是AC的中点，连接DE，则$S_{\triangle ADE}:S_{\triangle ABC}=$ _____；

② 如图4-47（2），若点F是CD的中点，连接AF，G是AF上一点，且$AG:GF=1:2$，连接BF，BG，则△BFG的面积为_____.

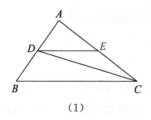
(1)

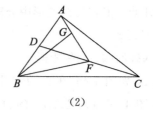
(2)

图 4-47

生：因为 CD 是 $\triangle ABC$ 的中线，所以 $\triangle ADC$ 的面积等于 $\triangle ABC$ 面积的一半．又因为 E 是 AC 的中点，所以 DE 是 $\triangle ADC$ 的中线，可得 $\triangle ADE$ 的面积等于 $\triangle ADC$ 面积的一半，即 $\triangle ABC$ 面积的 $\dfrac{1}{4}$．

师：你认为解决①的关键是什么？

生：认清 DE 是 $\triangle ADC$ 的中线．

师：说得很好！在①方法的基础上，请同学们继续思考②．

师：试着从条件或结论这两个不同的角度入手，分析问题．

生：从结论倒推，我发现要求出 $\triangle BFG$ 的面积，只要知道 $\triangle ABG$ 或 $\triangle ABF$ 的面积即可．因为 $AG:GF=1:2$，所以 $S_{\triangle BFG}=2S_{\triangle ABG}=\dfrac{2}{3}S_{\triangle ABF}$．

师：分析得很好！有没有其他同学补充．

生：结合刚才的分析和题目的条件，我认为可以去求 $\triangle ABF$ 的面积，因为 D,F 分别是 AB,CD 的中点，所以 $\triangle ADF$，$\triangle BDF$ 的面积相等且等于 $\triangle ADC$ 和 $\triangle BDC$ 的一半，所以 $S_{\triangle ABF}=\dfrac{1}{2}(S_{\triangle ADC}+S_{\triangle BDC})=\dfrac{1}{2}S_{\triangle ABC}$，而 $\triangle ABC$ 的面积是已知的，问题解决．

师：非常好，现在移除 D 是中点这一条件，结论变吗？小组讨论回答．

生：结论不变，因为 $\triangle ABF$ 的面积仍然是 $\triangle ABC$ 面积的一半，数量关系没有改变．

师：看来同学们已经找到类似问题的解决办法了，能不能与大家分享一下．

生：在分析问题的时候，我们可以从条件入手正向推导，也可以从要求的问题出发采用逆向思维．当题目中出现中线或三角形一边上线段存在比例关系时,我们可以得到三角形的面积关系,从而帮助我们解决类似的三角形面积问题.

设计意图:在课堂主体阶段,围绕中线设计问题.在教学过程中,让学生独立思考、分析、交流、回顾、总结,通过问题的解决弄清问题的本质,积累数学活动经验,提高学生分析问题、解决问题的能力.设计小组讨论交流的学习活动,激发学生合作探究的积极性,让学生在智慧碰撞中成长.

问题 3:如图 4-48,AD,BE 分别是 $\triangle ABC$ 的两条中线,思考分割后这些图形的面积之间有什么关系?并说明理由.(开放性问题)

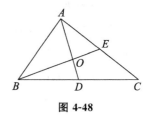

图 4-48

生:我发现 $S_{\triangle AOE}=S_{\triangle BOD}$.理由是由中线可知 $S_{\triangle ADC}=S_{\triangle BEC}=\dfrac{1}{2}S_{\triangle ABC}$.因为这两个等面积三角形有重叠部分四边形 $ODCE$,所以"减去"重叠部分,剩余面积相等.

师:很细心,充分利用了中线与三角形的面积关系,还有其他的结论吗?

(学生分享自己的发现)

类似的结论还有很多,如 $\triangle BOD$ 与四边形 $ODCE$ 的面积比为 $1:2$,$S_{\triangle ABO}=2S_{\triangle BOD}=2S_{\triangle AOE}$ 等,这时结合发现的结论,教师引导学生考虑线段的长度关系,培养学生的发散性思维.

师:通过刚才的探究,我们知道图中三角形与三角形、三角形与四边形的面积之间存在数量关系,那么除了图形的面积,图中线段之间是否存在数量关系?

生1:根据中线我们知道 $BD=CD$,$AE=EC$.

生2:我觉得 BO 和 OE,AO 和 OD 之间应该存在某种数量关系.

师:猜想 BO 与 OE 的数量关系,并证明.

生:需要连接 CO,由 D 是 BC 的中点可得到 $S_{\triangle BOD}=S_{\triangle DOC}$,由 E 是 AC 中点可得到 $S_{\triangle AOE}=S_{\triangle OEC}$,根据之前推出的结论 $S_{\triangle AOE}=S_{\triangle BOD}$ 可以得到 $S_{\triangle OEC}=S_{\triangle ODC}=S_{\triangle OBD}$,所以 $S_{\triangle OEC}=\dfrac{1}{2}S_{\triangle BOC}$,所以 $BO=2OE$.

师:那么 AO 和 OD 呢?

生:$AO:OD=2:1$,理由同上.

师:很好,你们学会举一反三了.我们知道三角形的三条中线交于一点,如果连接CO并延长,交AB于点F(画图),那么CO一定也等于2OF.

归纳总结:一条中线将三角形的面积分为相等的两部分,这时候再增加一条中线.我们发现图形中除了面积关系,还可能存在线段的数量关系.通过师生共同探究得到结论.这时候教师总结归纳并介绍三角形三条中线的交点叫作三角形的重心,同时它也是三条中线的三等分点,作为中线知识的拓展延伸.

设计意图:在前面研究的基础上,设计开放性的问题,让学生及时对所学知识进行适当的拓宽、引申,提升思维的层级,引发学生的数学思考,不断激发学生的学习兴趣,提高学生分析问题和解决问题的能力.

问题4:如图4-49,在$\triangle ABC$中,点D,E是AC边的三等分点,点F,G分别是AB,BC的中点,已知四边形$DFGE$的面积为6,求$\triangle ABC$的面积.

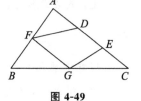

图4-49

师:你们发现了什么问题?

生:虽然题目条件有中点和三等分点,但是并没有出现中线或类似的线.

师:通过本节课的学习我们知道,中线、三等分点与三角形的面积息息相关,现在我们怎么才能把条件利用起来?

生1:我们可以添加辅助线.连接AG,这样我们前面的很多结论都可以用上了.(师生共同探究并梳理总结)

生2:连接AG,设$S_{\triangle BFG}=m$,则$S_{\triangle ABG}=2m$,$S_{\triangle ABC}=4m$.因为D,E是AC边上三等分点,所以$S_{\triangle ADF}=\frac{1}{3}S_{\triangle AFC}=\frac{2m}{3}$,$S_{\triangle GEC}=\frac{1}{3}S_{\triangle AGC}=\frac{2m}{3}$,

于是问题就转化为了一个方程问题,即求$4m-m-\frac{2m}{3}-\frac{2m}{3}=6$的解.

师:思路很清晰,非常好!那么还有其他方法吗?

生:我们还可以连接CF……

设计意图:当几何图形由简单变得较为复杂时,从复杂图形中"分离"出熟悉的"基本图形"是几何学习中的一个难点.学会添加辅助线是解决几何问题的关键一步.通过本题,引导学生将所学知识、解题方法进行有效的拓展、迁移,进而引领学生实施数学思维方式的有效迁移,让学生对数学问题的思考逐步深入,继而形成问题解决的思维方法与技巧.

(3) 课堂总结,以图导学(图 4-50).

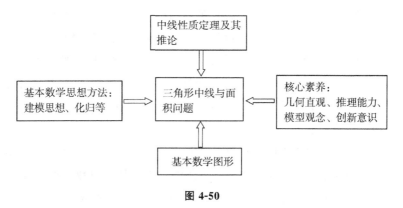

图 4-50

评析:本节单元主题课围绕三角形中线与面积的关系展开,侧重于利用中线平分三角形面积及其推论,解决与之相关的一类面积问题.在本课开始时,设计简单的中线模型,帮助学生将零散的、碎片化的知识加以提炼巩固,培养学生的模型意识与模型观念,在帮助学生掌握知识点的同时,通过一题多变、一题多解等思维活动培养学生的应用意识与应用观念.设计开放性的问题,培养学生的发散性思维,提升学生的学科素养和关键能力.

5. 回顾与反思

(1) 关注主题课的内容设计.

在设计单元主题课教学内容、教学流程时,要从学生的认知水平、知识储备出发,通过设计基础问题,帮助学生回顾与本节课相关的知识.在教学主体环节,有针对性地设计与主题相匹配的问题,引导学生发现和提出问题,分析和解决问题,并归纳解决问题所需的知识与方法,切实提高学生的数学素养.

(2) 关注知识点的拓展延伸.

对教学内容进行适当的拓展延伸,使得教学过程有层次、有内涵,增强学生学习数学的信心.在问题探究中,引导学生基于角平分线与三角形面积的关系,挖掘更深层次的数学信息和规律,并加以抽象、提炼,完善和优化数学知识体系,提升学生综合运用能力,促进学生数学思维水平、创新能力、知识迁移能力的有效提升,进而提高学生深度学习能力.

(3) 关注学生思维的生长.

杜威曾说:"学习就是要学会思维,教育的目的不是学会知识,而是习得一种思维方式."数学教学应当在学生对知识和技能初步理解和掌握后,通过单元主题课的形式,进一步让学生的理解深化和熟练,使其在学习中学会运用课本知识,举一反三解决各类问题.为此,教师应加强单元主题课的教学,帮助学生把所学的知识点融会贯通,学会研究数学问题的方法与策略,促进思维生长.

《课程标准(2022年版)》提出:学生的学习应是一个主动的过程,认真听讲、独立思考、动手实践、自主探索、合作交流等是学习数学的重要方式.教学活动应注重启发式,激发学生学习兴趣,引发学生积极思考,鼓励学生质疑问难.基于单元主题课的设问就是通过合理采用变式训练,以问题为导向,启发学生思路,帮助学生建构知识体系、培养良好思维习惯和提升数学问题解决能力.

4.2.5 以"反比例函数"为例

1. 课标阐述

结合具体情境用实例体会反比例函数的意义,能根据已知条件确定反比例函数的表达式;会用描点法画出反比例函数的图像;知道当 $k>0$ 和 $k<0$ 时反比例函数 $y=\dfrac{k}{x}(k\neq 0)$ 图像的整体特征;能用反比例函数解决简单的实际问题.

2. 教材分析

"反比例函数"属于《课程标准(2022年版)》中数与代数领域的基本内容.函数本身是数学学习中的重要内容.反比例函数则是基本函数之一,它让学生在学习了图形与坐标和一次函数的基础上,再一次研究具体的初等函数问题.而学生对反比例函数的理解以及利用函数观念解决实际问题的经验,会为他们今后学习二次函数以及其他函数奠定基础.通过义务教育阶段的反比例函数的学习,学生能够初步学会运用反比例函数.

3. 目标制定

（1）熟练掌握反比例函数的概念、图像与相关性质.

（2）灵活把握反比例函数和其他知识的融合运用，并能从中感悟数形结合数学思想方法.

教学重点：掌握反比例函数的概念、图像、性质并正确应用.

教学难点：结合数形结合的思想，灵活应用反比例函数的性质.

4. 教学过程

（1）情境导入，梳理知识.

例题1：某校绿色行动小组组织60人参加植树活动，计划植树480棵，2小时可以完成任务.如果植树人数增加到80人、100人、120人，那么各需多少时间才能完成任务？如果植树人数减少到40人、20人呢？

师：这道题目大家熟悉吗？

（学生茫然，教师现场观察发现没有学生能回答，学生认为题目虽然简单，但是之前没有见过）

师：这道题目是教材"反比例函数"一章的章头图呈现的问题.章头信息既是章节的开端，同时也是了解整章知识点的重要媒介，请大家再次尝试解决呈现的问题.

教师借助章头题目再引申出以下几个问题.

问题1：完成任务的时间 t 是人数 n 的函数吗？如果是，是什么函数？请从多个视角来分析.

问题2：观察图像，请问该函数图像有怎样的增减性？

问题3：反比例函数的图像是双曲线，为什么该图像只有一支？

问题4：问题"为了能不超过1.5小时完成任务，至少需要多少人？"中的"至少"该如何理解？请结合图像分析.

设计意图：反比例函数的章头图呈现了两张图片，一个是主图，另一个是辅图.主图呈现的是高速运转的列车，让学生从图片中感受到速度与时间的反比例关系.辅图呈现了植树活动系列问题.教师将辅图呈现的数学问题进行再现与引申，用章头图信息进行整章总结，引导学生单元复习要回归教材，要从教材中进行总结与提炼，充分挖掘教材中隐含的有用信息，让教材成为主要学材，避免"轻教材重教辅"的学习现象.

(2) 关联探究,强化应用.

例题 2:解决以下问题.

问题 1:如图 4-51,已知反比例函数 $y=\dfrac{6}{x}$,若点 $A(1,m)$,$B(n,2)$ 均在 $y=\dfrac{6}{x}$ 的图像上,则 m 的值为_____,n 的值为_____,直线 AB 的表达式为_____.

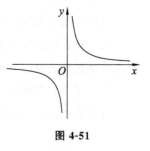

图 4-51

问题 2:运用反比例函数 $y=\dfrac{6}{x}$ 的图像解决以下问题.

① 若 $x>1$,则 y 的取值范围为_____;若 $y<2$,则 x 的取值范围为_____.

② 若 $\dfrac{6}{x}=-2x+8$,则 x 的取值为_____.

③ 若 $\dfrac{6}{x}<-2x+8$,则 x 的取值范围为_____.

问题 1 的答案为 6,3,$y=-2x+8$.问题 2 的答案为① $0<y<6$,$x>3$ 或 $x<0$;② $x=1$ 或 $x=3$;③ $1<x<3$ 或 $x<0$.

设计意图:问题 1 的设计让学生再一次体会点与函数图像、点的坐标与函数关系式之间的关系;问题 2 的设计,引导学生进一步理顺反比例函数与不等式、方程之间的关系,体验数形结合的数学思想方法.

问题 3:点 A,B 分别为反比例函数 $y=\dfrac{6}{x}$ 在第一象限图像上的两点,点 O 为坐标原点.

师:在问题 1 的条件下,若连接 OA,OB,试求出 $\triangle AOB$ 的面积.

(学生通过讨论得出了多种不同解法,如图 4-52 所示)

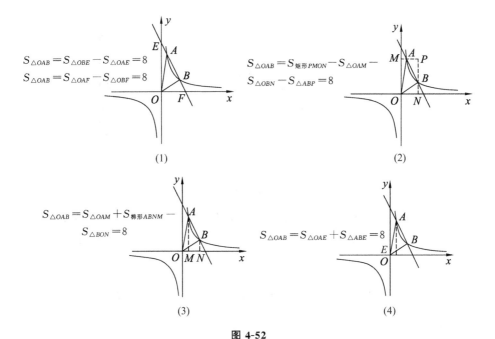

图 4-52

师：根据以上多种解法，你们能否总结出解法的一般规律？

生：求任意三角形的面积，可以转化成求底边在坐标轴上的三角形的面积，这样容易计算．

师：很好！我们通常把这样的数学思想方法称为化归数学思想．

师：如图 4-53(1)，在问题 1 的条件下，延长 AO,BO 分别交双曲线于点 C,D，则四边形 $ABCD$ 是怎样的图形？四边形 $ABCD$ 的面积是多少？

生 1：根据中心对称的性质，发现 $OA=OC,OB=OD$，则四边形 $ABCD$ 为平行四边形．

生 2：四边形 $ABCD$ 的面积是 $\triangle AOB$ 面积的 4 倍，所以面积为 32．

师：我们把横坐标与纵坐标都是整数的点称为整点．如图 4-53(2)，点 A,B 为反比例函数 $y=\dfrac{6}{x}$ 第一象限图像上两点，延长 AO,BO 分别交另一支双曲线于点 C,D，是否存在整点 A,B,C,D 使得四边形 $ABCD$ 为矩形？请说明理由．

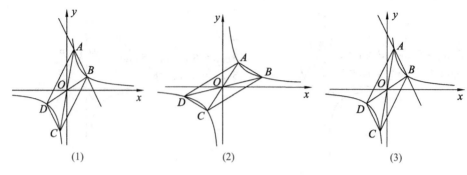

图 4-53

[经过学生研究发现,若四边形 $ABCD$ 为矩形,则有两种情况,分别为:$A(1,6), B(6,1), C(-1,-6), D(-6,-1)$ 或 $A(2,3), B(3,2), C(-2,-3), D(-3,-2)$]

师:如图 4-53(3),点 A, B 为反比例函数 $y=\dfrac{6}{x}$ 第一象限图像上两点,延长 AO, BO 分别交另一支双曲线于点 C, D.若点 A 的横坐标为 a,点 B 的横坐标为 b,当四边形 $ABCD$ 为矩形时,ab 是否为定值?如果是,请求出此定值;如果不是,请说明理由.

生:根据轴对称的性质,可以发现点 A, B 关于直线 $y=x$ 对称,则点 A 的坐标为 (a, b).由于点 A 在反比例函数 $y=\dfrac{6}{x}$ 的图像上,可得 ab 为定值,$ab=6$.

设计意图:在问题 3 中,教师通过设计问题链,让学生回顾反比例函数图像中不规则三角形面积的求法,进一步提炼出化归的数学思想方法,在此基础上进行问题变式,延伸到反比例函数图像中平行四边形、矩形的对称性问题,让学生充分领会反比例函数图像与多边形融合的综合问题.

问题 4:如图 4-54,点 A, B 分别为反比例函数 $y=\dfrac{k}{x}$ 在第一象限图像上的两点,点 O 为坐标原点.延长 AO, BO 分别交双曲线于点 C, D.若四边形 $ABCD$ 为矩形,且 $AB=\sqrt{2}$,$BC=3\sqrt{2}$,求 k 的值.

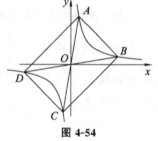

图 4-54

该问题属于综合性问题,难度较大,学生不容易解答,在教师引导下得到以下解法:

设 $A\left(m,\dfrac{k}{m}\right)$,则 $B\left(\dfrac{k}{m},m\right),C\left(-m,-\dfrac{k}{m}\right)$,可得 $AB^2=\left(m-\dfrac{k}{m}\right)^2+\left(\dfrac{k}{m}-m\right)^2=2$.

化简得 $m^2+\left(\dfrac{k}{m}\right)^2=2k+1$.

由于 $BC^2=\left(\dfrac{k}{m}+m\right)^2+\left(m+\dfrac{k}{m}\right)^2=18$,可得 $m^2+\left(\dfrac{k}{m}\right)^2=9-2k$,所以 $2k+1=9-2k$,解得 $k=2$.

设计意图:问题4是将反比例函数的图像与矩形结合起来进行设计,并融入了轴对称性质和中心对称的性质,让学生充分感受反比例函数和矩形的深度融合,同时体验多种参数的混合运算,感悟代数推理和几何推理的重要性.

(3) 反思悟学,再生结构.

本节课属于反比例函数单元复习课,在整堂课中,教师将多类知识点融入教学设计,如复习了反比例函数的一些特征:表达式、对称性、增减性、象限情况、k 的几何意义等,还融入了反比例函数与实际问题、面积问题、不等式问题、方程问题、一次函数问题、平面图形问题等知识点,充分挖掘了一次函数与反比例函数的关联之处,同时引导学生去展望、类比新函数的研究方法.由于知识点多,教师采用结构化教学设计,最终呈现了如图 4-55 所示的结构图,让学生充分感受到结构化设计理念,进一步提升整体思维、系统思维,提高迁移应用能力和深度学习能力.

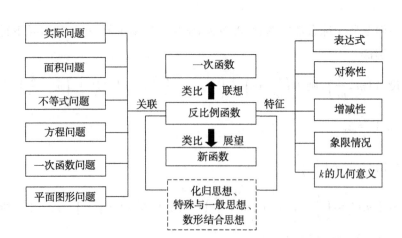

图 4-55

5. 回顾与反思

(1) 教材回归与重构,充分发挥教材引领作用.

在当下初中数学教学中,存在教与学和教材脱节的现象,一些教师和学生忽略了教材的潜在价值,回归教材被大量的数学练习和解题所淹没,成了一种空洞的口号.因此,数学教学回归教材仍是当务之急.随着《课程标准(2022年版)》的颁布及新教材的启用,教师更应该充分认识教材、研究教材,要基于对教材的全局理解和把握进行教学设计,充分挖掘教材中各栏目,如章头图等蕴含的教育价值.在单元复习中,适时回归教材,从教材中去挖掘潜在的有用信息,可以帮助学生把握数学知识和数学思想的内涵,领悟数学知识的来龙去脉和本质,有利于培养学生整体思维和系统性思维.本节课,教师运用教材中章头图情境,再一次让学生厘清图像的多种表达方式,即表达式法、列表法、图像法等,通过对章头图的再一次回顾与思考,整合本章知识点,体验反比例函数各知识点之间的关联,进一步感悟反比例函数中变量关系,体会和认识反比例函数是刻画现实世界的一种数学模型,引导学生用数学的眼光去观察现实世界.

(2) 问题变式与探究,充分发挥问题导向作用.

变式探究教学就是通过变式的方法与途径,让学生在变式中探索与思考,在探究解决问题的过程中把握问题的本质与规律,引导学生整体把握知识系统,通常会以一题多解、一法多用、一题多变等形式呈现.教学中,要引导学生发现"变"与"不变"的关系和本质,从变化中去探索不变的规律,在不变的规律中感悟动态变化的思维过程.通过变式探究教学,促使学生学会独立思考、合作探究的学习品质,渗透批判质疑、勇于创新、克服困难的科学精神,培养创新意识和创新能力.变式探究教学有助于学生更好地理解知识,促进知识正迁移;有助于学生形成良好的知识网络,优化认知结构;有助于把师生真正从题海中解放出来,减轻学生学业负担.本节课在第二部分共呈现了四个核心问题,每一个问题中又呈现多个子问题,各子问题之间相互依存、紧密联系,前面的问题是后续问题的基础,后续问题又是前面系列问题的延伸与拓展,问题链设计呈现整体感、梯度感、层次感,伴随一个个问题的解决,学生能从中感悟问题变式与蕴含的数学思想方法.教学中,教师要充分用好学材,从教材和辅材中充分挖掘有探究价值的母题,通过问题变式,激发学生深入探究兴趣,引发其深度思考,整体把握知识的本源与发展趋势,体会数学思想方法,培养系统观和整体思维,引导学生用数学的思维去思考现实世界.

(3)结构梳理与再生,充分发挥结构关联作用.

《课程标准(2022年版)》强调:在教学中,要重视对教学内容的整体分析,帮助学生建立能体现数学学科本质、对未来学习有支撑意义的结构化数学知识体系.教学中,教师要基于学生已有认知,以发展学生核心素养为导向,从结构化的视角对数学教学内容进行重构和优化,将重构后的教学内容在课堂教学中呈现,以帮助学生建立完整的结构化体系.本节复习课,教师未采用常见的"知识点罗列—典型例题—习题训练—课堂检测"的单元复习模式,而是采用"章头图—统整母题—变式探究—总结提炼"的单元教学范式,把反比例函数离散的知识通过结构化教学策略串联起来,并且把平行四边形、矩形、方程、不等式等重要知识进行有机整合,达到"跨章链节"的单元整体复习效果,充分体现了知识的整体性和系统性.单元复习教学中,教师要善于运用多种教学策略进行知识梳理与整合,尝试以题来带动知识整体复习和系统思考,要重视解题后的反思与总结,达成"做一题,通一类"的教学效果,既要注重通性、通法的解释和提炼,也要注重让学生深刻领会数学内容的本质内涵.通过教学设计和教学实施,引导学生经历深度探究、系统思考和类比迁移,促进学生积极梳理、反思、整合、内化,形成结构化知识体系,并学会用数学的语言去表达现实世界.

《课程标准(2022年版)》提出:遵循学生身心发展规律,加强一体化设置,提升课程科学性和系统性.因此,教师要继续加强学科教学探索,尝试研究数学系统性教学和深度学习深度融合,培养学生系统性、整体性等优秀思维品质,着力优化数学学科教学策略,致力于培养学生的理性思维、科学精神和创新应用能力.

4.3 项目主题课教学案例

4.3.1 以"反比例函数探究"为例

1. 课标阐述

结合具体情境用实例体会反比例函数的意义,能根据已知条件确定反比例函数的表达式;会用描点法画出反比例函数的图像;知道当 $k>0$ 和 $k<0$ 时反比例函数 $y=\dfrac{k}{x}(k\neq 0)$ 图像的整体特征;能用反比例函数解决简单的实际问题.

2. 教材分析

本节课为反比例函数探究活动课,同时也是反比例函数整个单元的起始课.在教学中,教师通过探究活动,把音乐、物理等跨学科知识融入课堂,提高学生探究学习的兴趣.让学生理解用反比例函数表达变化关系的实际意义,关注数学知识与实际的结合,让学生在实际背景中理解数量关系和变化规律,经历从实际问题中建立数学模型、求解模型、验证反思的过程,形成模型观念,提升学习数学的兴趣,进一步发展应用意识.

3. 目标制定

(1) 通过跨学科情境,了解反比例函数的定义.

(2) 经历反比例函数图像的探究与绘制,并能从图像中直观掌握反比例函数的性质.

教学重点:灵活掌握反比例函数相关概念和有关性质.

教学难点:反比例函数的性质实际运用.

4. 教学过程

(1) 活动 1　导入实验.

生活发现:当堵住吸管一侧的同时,向另一侧吹气时,吸管便可以发出声音.同学们发现长度不同的吸管可以发出不一样的声音.于是老师带领同学们利用某软件测量不同吸管发出声音的频率.

在记录 5 组数据后,同学们有以下几个发现.

生1：吸管长度变短，发出声音的频率会变高．

生2：吸管的管长与发出声音的频率之间存在函数关系，发出声音的频率随着吸管长度的确定而确定，随着吸管长度的变化而变化．

师：我们学过一次函数，这两个量符合一次函数关系吗？

生：不符合，因为当管长的差值都是 3 cm 时，频率的差值不一样．

师：那么这两个量之间有什么关系？

生：管长与频率的乘积都在 8 000 附近．

师：这就是我们今天要学习的反比例函数．一般地，形如 $y=\dfrac{k}{x}$（k 为常数，$k\neq 0$）的函数叫做反比例函数．刚刚的管长与频率的乘积不是一个固定的数值，是由实际操作的误差造成的，有可能是吸管长度测量的误差，有可能是吹气速度的误差，也有可能是频率仪器测量的误差．我们从中也可以感受实际操作与理论之间的差异．

(2) 活动 2　新知学习．

师：一般地，形如 $y=\dfrac{k}{x}$（k 为常数，$k\neq 0$）的函数叫做反比例函数．类比一次函数的学习，我们可以从图像和性质两方面学习反比例函数．以 $y=\dfrac{6}{x}$ 为例，利用五点作图法画出函数图像．

生：取如下数据（表 4-2）．

表 4-2　函数 $y=\dfrac{6}{x}$ 图像上的五个点的相关数据

x	1	2	3	4	6
y	6	3	2	1.5	1
(x,y)	(1,6)	(2,3)	(3,2)	(4,1.5)	(6,1)

根据这五个点，绘制了如下图像（图 4-56）：

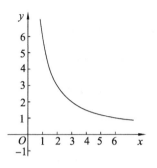

图 4-56

师：这位同学取的五个点的横、纵坐标都是正数，有没有画得不一样的同学？

生：取正负各五组数据（表 4-3），绘制如下图像（图 4-57）.

表 4-3　函数 $y=\dfrac{6}{x}$ 图像上的十个点的相关数据

x	1	2	3	4	6	-1	-2	-3	-4	-6
y	6	3	2	1.5	1	-6	-3	-2	-1.5	-1
(x,y)	(1,6)	(2,3)	(3,2)	(4,1.5)	(6,1)	$(-1,-6)$	$(-2,-3)$	$(-3,-2)$	$(-4,-1.5)$	$(-6,-1)$

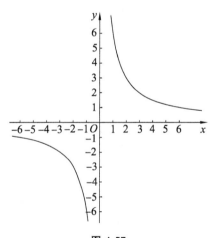

图 4-57

师：得到了 $y=\dfrac{6}{x}$ 的函数图像后，我们可以类比一次函数探究该函数有哪些性质.

生1：函数图像关于原点对称，因为 (a,b) 和 $(-a,-b)$ 都在该函数图像上.

生2：当 $k>0$ 时,该函数图像在第一象限和第三象限.

生3：在每个象限内, y 随 x 的增大而减小.

师：继续画出函数 $y=-\dfrac{6}{x}$ 的图像.

生：同样取正负各五组数据（表 4-4 和图 4-58）.

表 4-4　函数 $y=-\dfrac{6}{x}$ 的图像上的十个点的相关数据

x	1	2	3	4	6	-1	-2	-3	-4	-6
y	-6	-3	-2	-1.5	-1	6	3	2	1.5	1
(x,y)	$(1,-6)$	$(2,-3)$	$(3,-2)$	$(4,-1.5)$	$(6,-1)$	$(-1,6)$	$(-2,3)$	$(-3,2)$	$(-4,1.5)$	$(-6,1)$

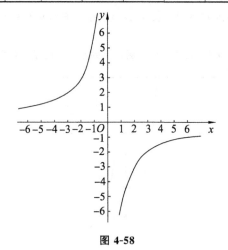

图 4-58

师：根据以上两个函数的图像,我们得到如下的反比例函数图像的性质.

① 函数图像关于原点对称.

② 当 $k>0$ 时,该函数图像在第一象限和第三象限,在每个象限内, y 随 x 的增大而减小；当 $k<0$ 时,该函数图像在第二象限和第四象限,在每个象限内, y 随 x 的增大而增大.

(3) 活动 3　解决实际问题.

设吸管长 x cm 时,发出声音的频率为 y Hz,根据图 4-59 回答下列问题.

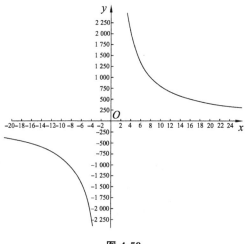

图 4-59

① 已知吸管长度为 40 cm,则发出的声音频率是多少?

② 若需要吹出频率在 440 Hz 至 880 Hz 的声音,则吸管长度应在怎样的范围内?

③ 已知某个音高(Hz)是吸管长度(cm)的 100 倍,是否能确定吸管的长度?

(4)活动 4 从理论到实际.

通过吸管的长度与吸管发出的声音的频率满足反比例函数关系,计算出发出 do re mi fa so 五个音的吸管长度并填入表 4-5.再由 5 位同学分别演奏这 5 个音阶,一起演奏《欢乐颂》.

表 4-5 吸管长度与吸管发出的声音的频率

音阶	1	2	3	4	5
频率/Hz	523.2	587.2	659.2	698.4	784
长度/cm					

欢乐颂

```
3 3 4 5 | 5 4 3 2 | 1 1 2 3 | 3. 2 2 - |
欢乐女神  圣洁美丽, 灿烂光芒  照 大地,

3 3 4 5 | 5 4 3 2 | 1 1 2 3 | 2. 1 1 - |
我们怀着  火样的热情, 来到你的  圣 殿里。

2 2 3 1 | 2 3 4 3 1 | 2 3 4 3 2 | 1 2 5 3 |
你的力量  能把人类  重新团结  在一起,在

3 3 4 5 | 5 4 3 4 2 | 1 1 2 3 | 2. 1 1 - ‖
你光辉  照耀下面人们团结  成 兄弟。
```

(5) 课堂总结,以图导学(图 4-60).

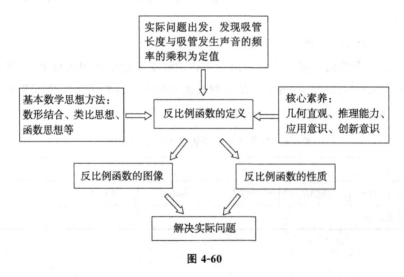

图 4-60

5. 回顾与反思

(1) 关注跨学科知识的融入与整合.

数学知识来源于生活,同时也服务于生活.本节课采用跨学科知识探究的策略,引导学生通过观察、尝试、探究吸管长度与吸管发出声音的频率

之间的关系,发现吸管长度与吸管发出声音的频率之积为定值,引发学生深入思考两个变量成反比例关系,自然生成反比例函数的核心概念.再类比一次函数研究方法,引导学生去探究反比例函数的图像和性质.最后又回到吸管的问题,让学生通过吸管的长度与吸管发出声音的频率音高满足反比例函数关系,计算出发出五个音的吸管长度并尝试演奏歌曲《欢乐颂》.在教学中融入跨学科知识,有利于激发学生学习数学的兴趣,这打破了传统学科间的界限,鼓励学生在多个知识领域之间建立联系,为学生提供了一个丰富而动态的学习环境,有利于学生发展更全面的知识体系,增强学生的创新和批判性思维能力.

(2)关注数学思想方法的渗透和融合.

数学思想方法是数学学科知识的精髓,它在解决各类数学问题中发挥着重要作用.在教学中,教师要善于将数学思想方法渗透和融入课堂教学设计,这有助于学生深入理解数学核心概念,建立数学思维,提高解决复杂问题的能力.本节课,教师引导学生发现了反比例函数概念后,通过类比数学思想方法,将研究一次函数的路径迁移到反比例函数的研究中.数学思想方法的渗透和融合,旨在培养学生的创新意识和解决问题的能力.在数学教学中,教师要重视数学思想的传递,这样可以帮助学生建立起对数学深层次的认识和理解,引导学生更好地理解数学的内涵,形成科学的世界观和方法论.

(3)关注教学中的师生交流和互动.

教学过程是师生交往、共同发展的互动过程.在教学过程中,教师要处理好传授知识与培养能力的关系,注重培养学生的独立性,引导学生质疑、调查、探究,在实践中学习,使学习成为在教师指导下主动的、富有个性的过程.课堂应较多地出现师生互动、平等参与的生动局面,学习方式多样化.为此,本节课主要通过开放式的问题,让学生经历操作、观察、猜想、探索等数学活动,让学生初步认识反比例函数的概念和图像特征.在教学中,有效的师生交流互动能够激发学生的思考,增强他们对数学概念的理解.在师生互动和生生互动过程中,教师不仅是知识的传递者,更是引导者和协助者.通过质疑、讨论和反馈,引导学生深入探索数学问题,不仅锻炼了他们的沟通能力,也加深了他们对数学知识的理解.

4.3.2 以"园中探塔"为例

1. 课标阐述

项目式学习是以建构主义理论为指导,强调学生在真实情境中探究学习,从而提升学生多元能力的教学模式.项目式学习作为一种落实培养核心素养的学习方式,旨在支持学生在一段时间内对学科或跨学科有关的驱动性问题进行深入持续的探究,在调动所有知识、能力、品质等创造性解决问题的过程中,形成对核心知识和学习历程的深刻理解,并能够在新情境中迁移.

有学者认为,项目化学习具有真实情境、复杂问题、超越学科、专业设计、合作完成、成果导向以及评价跟进等诸多特征.项目式学习重在实践能力,《课程标准(2022年版)》对实践活动作出了以下的要求:初中阶段综合与实践领域,可采用项目式学习的方式,以问题解决为导向,整合数学与其他学科的知识和思想方法,让学生从数学的角度观察与分析、思考与表达、解决与阐释社会生活以及科学技术中遇到的现实问题,感受数学与科学、技术、经济、金融、地理、艺术等学科领域的融合,积累数学活动经验,体会数学的科学价值,提高发现与提出问题、分析与解决问题的能力,发展应用意识、创新意识和实践能力.

2. 教材分析

本节课是项目式学习,学生依据已学习的相似三角形和平行线的相关性质完成课题的学习.让学生尝试构建几何模型,学会用数学知识解答实际问题,帮助学生养成良好的数学抽象能力和模型观念.

3. 目标制定

(1) 引导学生学会将实际问题抽象成数学问题,在探索中解决问题.

(2) 在数学模型中灵活运用相似三角形和平行线的相关性质.

教学重点:经历测量、建模,比较分析数据,构造合适的几何图形,利用三角形相似的知识解决实际问题.

教学难点:在测量过程和建模过程中,学生需要综合运用已学习的知识,整合和灵活运用几何原理.

4. 教学过程

(1) 引入问题,以问领学.

师:我们的学校在苏州的姑苏区,你们知道姑苏区有哪些著名的景点吗?

生:拙政园、网师园、北寺塔、虎丘等.

师:我们今天来认识一下在苏州古城区的著名建筑——北寺塔.之前请大家小组合作,一起查阅北寺塔的有关资料,并且请大家到拙政园实地考察,哪个小组代表愿意来讲一下你们的收获?

小组代表:各位同学,我们小组经过查阅资料,并实地考察,知道北寺塔高 76 m,始建于南朝,距离现在已经有一千多年,是历来苏州城姑苏区的最高建筑.我们小组随后来到苏州拙政园,在园林内我们小组发现园林的主人在造园的时候,非常巧妙地"借"用了北寺塔的景,通过恰当的窗洞,就能看到一幅浑然天成的图画(图 4-61).

师:如果你们是清乾隆年间的拙政园的主人,为了看到北寺塔的第 4 层塔以上的部分(最低点约 32 m 高),你们应该考虑哪些因素呢?北寺塔是一个高耸的建筑物,为了能看到北寺塔的塔尖,你们觉得应该把拙政园选址在哪里?发挥你们的想象力,小组讨论一下.

图 4-61

生 1:要测量窗户的高度.

生 2:要测量园林到塔的距离.

生 3:要测量北寺塔的宽度.

师:你们能否将这些数据根据获得的难易程度进行分类?

生 1:我觉得塔的基本信息,如塔高、层高、宽度、层数等都可以通过查阅资料获得,是较容易获得的.

生 2:我觉得塔到园林窗户之间的距离很难测量.

生 3:我觉得测量塔到园林窗户的距离并不困难,可以使用手机地图软件.

师:能否上台给大家展示一下.

生 1:请大家看白板,可以使用"测距"工具测量两地的距离(学生演示).

生2:我在课外兴趣小组学习时,还利用相似三角形的知识测量过远的距离.

在这个过程中,学生的讨论角度有很多,教师可以灵活地引导学生思考,利用信息技术等手段获取信息.

设计意图:这个问题意在让学生发散思维,尽可能从多个角度提炼出所需要的信息.在这个过程中,教师可以引导学生对所要测量的数据进行分析和甄别,研究哪些数据是可以经过测量获得的,哪些数据是可以通过计算获得的,进一步培养学生数据采集、数据分析的能力.

(2)提出假设,分析问题.

教师可以从太远和太近两个方面引导学生思考合适的拙政园选址范围.如果太远了,会有怎样的问题?对现实的观测会有怎样的影响?如果太近了,又会怎样?

师:在实际拙政园选址的过程中,太远了会有怎样的问题呢?

生:如果太远会看不清楚,甚至会看不到北寺塔.

师:那你是否查阅过人眼能看清一个普通建筑物的最远距离呢?

生:我查到是 4.4 km.

师:根据这个信息,你能否在地图上画出合适的范围?

生:(上台演示)我利用比例尺画出了一个实际半径为 4.4 km 的圆.

师:同学们再想一想,是不是这个圆内的任意一点都是合适的选址呢?你是否有不同意见?

生:我觉得不能太近,太近也会看不见.

师:请你来解释一下.

生:(视频展示)我们小组在拙政园实地演示了下.我站在拙政园中庭的观景窗前,这个观景窗前是一条连廊,我如果后退几步,我可以看到北寺塔.但是如果我往前走,北寺塔的塔尖就被远方的树木和房屋遮挡了.

师:那么请同学们总结下,合适的观塔范围.

生1:我觉得应该是以北寺塔为圆心、半径是 4.4 km 的圆内是合适的观塔范围.

生2:我觉得不是一整个圆,而是一个圆环,太近了会被建筑物遮挡,看不见.

师:那么我们接下来的活动,就是重点研究下,这个近的圆到底有多小.

设计意图:学生可以借助现实情境,通过实践考察、亲历体验发现问题并解决问题,让学生感悟数学来源于生活又服务于生活,培养模型建构核心素养.

(3) 提炼模型,解决问题.

小组代表:(视频呈现)我们为了实地测量北寺塔的数据,在测量的过程中,利用了水平仪、卷尺、激光测距仪等工具,对自己的身高、观测点与窗户之间的水平距离、窗户的高度、窗户的长、宽、高等多个数据进行了采集和整理,具体如图 4-62.

图 4-62

设计意图:在这个过程中,学生上台展示所测量的数据,汇总整理数据,对数据的精确程度进行分析,之后,利用现有的数据构造几何模型,利用所学的相似三角形的知识解答实际问题.

师:现存的北寺塔为 9 层,高约 76 m,塔的第 3 层的高度约为 25 m,苏州市政府规定古城区所有建筑不能超过北寺塔的三层塔高,也就是 24 m.这样,北寺塔就成了姑苏古城中的至高点.

设计意图:将所学的数学知识,相似三角形、比例尺、位置的确定等,应用于实际建筑和测量.在测量的过程中,学生可以利用所学的知识计算北寺塔的实际高度,对于园林中窗户的设计,还可以查阅资料,做到将数学知识与建筑美学融合.

(4) 课堂总结,以图导学(图 4-63).

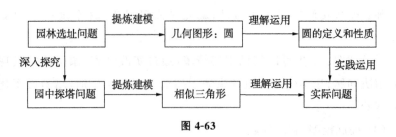

图 4-63

评析：本课题从实际问题出发，让学生从苏州园林拙政园中寻找一个合适的角度看到北寺塔，在解决问题的过程中，学生可以利用圆的几何含义，确定选址范围，接着利用相似三角形的性质，计算出窗户合适的高度和宽度。

5. 回顾与反思

（1）教学设计的立意。

本节课从学生身边的日常生活出发，选取苏州的一个著名景点——北寺塔，让学生尝试解决一个主要问题：如何建造合适的园林和园林中的窗户，使得人站在园林的窗户前能够看到北寺塔。学生走进园林和北寺塔，亲历实践，并运用数学知识、物理光学特性等。在进行项目化学习时，第一，创设一个真实的、有挑战性的问题，能够激发学生探索真理，寻求解决方法的动力。如果课题过于庞大和复杂，学生在探索的初期可能会止步不前，而有一个相对清晰的、易操作的学习任务，能够帮助学生更快地进入项目化学习的初探阶段。第二，学生可以通过各种途径来获取有效的数据，可以通过亲身实践，也可以通过查阅资料，利用信息化工具建立几何模型，计算相应的数值，这样能够丰富学生的知识，增长跨学科应用能力。第三，要让学生在项目研究和探索中敢于表达，教师和学生要在项目中学习和反思。项目化的学习成果需要靠学生来展示，因此学生的参与感和数学表达至关重要。教师在学生展示的时候，可以鼓励学生制作小视频和演示文稿，形成较为丰富的呈现成果。

（2）教学反思。

① 关注真实生活实践，运用数学思维探究。

学生身边的日常问题是学生学习的主要问题来源，注重发现问题、分析问题、沟通交流、创造性思考等学习素养的培育是项目式学习的一个重要的任务。在进行项目式学习的过程中，教师应该引导学生用跨学科思维去解决问题,并在解决问题的过程中,深化对学科概念的理解,促进有效教学和深度学习的发生.

② 关注数学知识理解,灵活把握知识迁移.

项目化学习是学生合作探究真实世界中的复杂问题的项目,在项目化实践的过程中,会涉及多学科知识,但在教学设计的时候,并不是不同学科的简单拼凑,而是在解决日常的真实情境下的复杂问题时,整合不同学科知识,对所学习的知识重新整理分析,从而获得更深刻的理解,产生更加严谨的创造性成果.在这个过程中,需要学生灵活地迁移知识,构建不同学科之间的"联结点",培养更加高阶的思维.

③ 注重项目活动设计,指向学科素养培育.

《课程标准(2022年版)》提出:初中阶段综合与实践领域,可采用项目式学习的方式,以问题解决为导向,整合数学与其他学科的知识和思想方法,让学生从数学的角度观察与分析、思考与表达、解决与阐释社会生活以及科学技术中遇到的现实问题.素养导向下的项目式学习更加凸显问题情境价值,教学中要基于核心知识创设问题情境,以挑战性任务激发学生学习兴趣,支持学生主动找寻解决问题的办法与路径,理解学科的思维结构与价值意义.

4.3.3 以"数海航行"为例

1. 课标阐述

《课标标准(2022年版)》对实践活动作出了以下的要求:初中阶段综合与实践领域可采用项目式学习的方式,以问题解决为导向,整合数学与其他学科的知识和思想方法,让学生从数学的角度观察与分析、思考与表达、解决与阐释社会生活以及科学技术中遇到的现实问题,感受数学与科学、技术、经济、金融、地理、艺术等学科领域的融合,积累数学活动经验,体会数学的科学价值,提高发现与提出问题、分析与解决问题的能力,发展应用意识、创新意识和实践能力.

2. 教材分析

本节课属于几何图形的综合运用,涉及知识点为相似三角形以及圆的知识.在教学中,教师引导学生从实践观察和几何推理两个视角去探索航海仪器——六分仪的工作原理,让学生感悟数形结合、几何推理、类比推理等思想方法,理解航海仪的内在数学原理和几何逻辑本质,为后续探索研究打下基础,进一步发展学生的推理能力、运算能力和数学素养.

3. 目标制定

(1) 引导学生查阅史料,探究航海仪的基本构造和原理.

(2) 利用数学知识解释航海仪的原理.

教学重点:认识航海仪的基本构造,运用数学知识还原航海仪的重要几何部件,利用相似三角形和圆的有关知识了解航海仪的数学原理,运用几何知识解答实际生活情境,构造更完善的几何模型,为航海仪的改进提出建议.

教学难点:运用几何知识,了解和理解航海仪的几何原理,综合运用数学知识,改进航海仪的几何构造.

4. 教学过程

(1) 创设情境,自然生成.

师:从古至今,航海一直是重要的经济和军事活动.人们在茫茫大海上航行的时候,光靠指南针还不够,往往需要知道更加精确的位置.你知道人们通常使用什么仪器定位吗?

生1:我知道郑和下西洋的时候有牵星板,可以定位.

生2:我还知道现代有北斗卫星导航可以定位.

生3:我知道欧洲有一个仪器叫做六分仪(图4-64),它是在卫星导航未出现时用得最广泛、最精确的仪器.

图4-64

师:同学们回答得都很好,提供了丰富的工具.今天我们就一起来重点研究其中的一种航海仪器——六分仪.同学们在课外查阅了资料,应该对六分仪有一定的认识,请同学们上台来介绍下六分仪.

生:六分仪是用来测量远方两个目标之间夹角的光学仪器.通常用它测量某一时刻太阳或其他天体与海平面或地平线的夹角,以便迅速得知船或飞机所在位置的经纬度.六分仪的原理是牛顿首先提出的.六分仪具有扇状外形,是六分之一个圆,因此取名为六分仪.

师:现在我们来观察六分仪的结构,我们请同学上台来演示一下,说一说各个部件的功能.

生:大家可以看到,这三面黑色的镜子是用来过滤强烈的太阳光的,而这个是望远镜,是用来观察光线的,下面是刻度尺.另外六分仪的最上方有一面平面镜,其斜下方有一面半透明的固定的平面镜.

师:很好,我们把最上方可以拨动、与刻度相连的镜子叫做指标镜,把另一面半透明的平面镜叫做地平镜.

(2) 实地操作,推理论证.

师:同学们,我们已经了解了六分仪的各个构成,现在我们就去操场上实际使用六分仪吧.同学们带上六分仪,选择你们觉得合适的观测点去观测太阳光线.

生:我觉得现在是上午九点,我应面对太阳的方向站立.同学们看我,我现在是面朝东站立,我手里的这个六分仪需要水平放置.接着我转动指标镜,使得我透过望远镜恰好看到太阳在我视野正中,就可以读数了.

师:这位同学的操作很正确,同学们可以模仿他,试着观测太阳.老师有个问题,由实际操作的过程,你们能否告诉我,为什么半透明的镜子叫做地平镜?

生:我觉得它取名为地平镜的原因是它必须与地平面保持水平,如果不水平,那么读数会不准.

师:同学们,现在的读数是多少呢?

生1:我测量出来是59度.

生2:我测量出来是60度.

师:请同学们课后去查阅资料,看看是否符合实际.

(此时是春分时节,太阳高度角是58度42分,学生的观测数据与实际情况相符)

(回到课堂)

师:请同学们观察六分仪,你们能否根据六分仪的结构,在草稿纸上绘制出光线的轨迹.

生:(上台演示)我画的轨迹是这样的,光线经过第一面平面镜反射到第二面平面镜.

师:在这个过程中,光线的角度是否发生了偏移?

生:我觉得肉眼观察是发生了偏移.

师：我们来用数学的方式计算到底偏移了多少.为了更好地研究这个问题,我们先来看看简单的情况吧! 如图4-65,一面平面镜水平放置,光线以与法线成 α 的角度自上而下射向平面镜,反射光线与入射光线的夹角是多少呢?

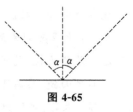

图 4-65

生：我觉得他们的夹角为 2α.利用物理中学过的知识,入射角等于反射角,得到入射光线与法线所成角度是 α.

师：这位同学用物理学知识很好地解释了这个问题.那么老师再添加一面镜子,这面镜子平行于第一面镜子,位于第一面镜子的右上方.我们来看看光线会发生怎样的偏移,请同学们到黑板上来画一画.

生：我画出了两条平行线(图4-66),我觉得光线没有发生偏移,仍然是平行的.

师：你能否解释下原理呢?

生：根据入射角等于反射角,光线与法线成 α 角度,那么反射之后仍与法线成 α 角度.由于两面镜子平行,所以法线也平行,光

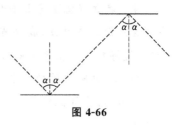

图 4-66

线射在第二面镜子上的时候,光线与第二面镜子的法线也成 α 角度,最终,光线斜向下射出,与法线成 α 角度,因此两条光线平行.

师：这位同学在整个说明的过程,很好地利用了平行线的性质和物理学知识.那么我们来看看,如果将第二面镜子逆时针旋转 β 角度,光线是否仍然是以平行线的方式射出呢? 试着画一画示意图,小组讨论交流下你的结果.

生：我们小组讨论后得出光线不再以平行线方式射出,而是以与当前的法线成 $(\alpha+\beta)$ 角斜向下射出(图4-67).我们可以借助之前平行的镜子,由于镜子逆时针旋转了 β 角度后,入射角与反射角发生了改变,变成了 $(\alpha+\beta)$,因此偏移了 2β 角度.

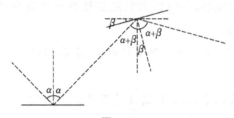

图 4-67

师：很好,那么我们来看看六分仪的两个平面镜,想问下同学们,能否使用相同的原理解释六分仪的光线轨迹呢？

生：如图4-68所示,两面镜子之间的夹角是 ω,光线发生反射之后,最终反射光线与入射光线的夹角是 h,根据之前的结论 $h=2\omega$.

（也可以用三角形外角的性质解决）

师：你还有什么发现吗,这个结论能否与刻度产生联系？

生：我觉得刻度显示的就是 h 的取值.

师：我们已经对六分仪有了一定的了解,下面我们将小组的六分仪模型拼一拼.

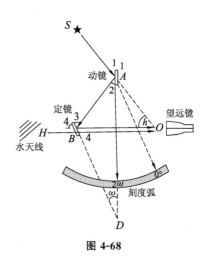

图 4-68

（学生动手操作）

师：请你展示下你的六分仪,谈谈你对这个六分仪的改进意见.

生：我觉得这个六分仪已经大致还原了基本的构造,但是美中不足,它的地平镜不是半透明的镜子,而是全透明的镜子.

师：请同学们课后讨论为什么地平镜要做成半透明的.

设计意图：在这个过程中,学生观察六分仪,使用六分仪,在实际操作中发现问题,解决问题,并且能够在使用的过程中更好地理解六分仪的构造和各个部件的功能.学生在课后通过查阅资料,丰富自己的知识和技能,将数学问题和物理知识,以及实践操作结合,提高自身的几何观念和分析问题的能力.

（3）分层拓展,夯实提升.

解决以下实际问题（图4-69）：

① 六分仪刻度的最大值是多少？

② 如果光线与水平面夹角是60度,那么两面镜子之间的夹角是多少度？

③ 如果刻度是20度,那么实际光线与水平面的夹角是多少度？

④ 在上一问的条件下,两面镜子之间的夹角是多少度呢？

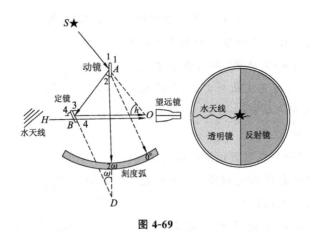

图 4-69

设计意图:这个作业设计的目的在于让学生通过一节课的学习,熟练地掌握六分仪的使用规则,更进一步理解六分仪的几何构造.学生在这个过程中能够经历理解模型、应用模型的过程,提高空间观念,将实际问题数学化、模型化.

(4) 文化浸润,提高素养.

1730 年,美国人托马斯·戈弗雷(Thomas Godfrey)和英国人约翰·哈德利(John Hadley)分别独自发明了八分仪.两人都把设计方案提交到英国皇家学会.后者于 1734 年又提交了一个改进方案,得到普遍采用.1732 年,英国海军部把八分仪放在一只小艇中做试验,结果非常精确.可是八分仪的 90°标度用作测量月球与天体的角距被证明是非常不够的,故约翰·伯德(John Bird)在 18 世纪 50 年代制作了一个完整的圆圈,其测量范围可达 360°,测量效果好,但很笨重,在海上使用极为不便.1757 年,坎贝尔船长以八分仪为模子,设计了测量范围为 120°的仪器,这就是六分仪,六分仪较以前的仪器有了合适的精度和便携性.

(5) 课堂总结,提升能力(图 4-70).

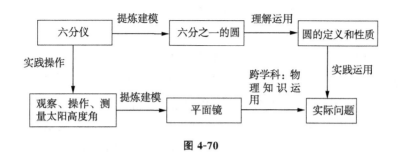

图 4-70

5. 回顾与反思

(1) 教学设计的立意.

本节课从测量太阳高度角出发,选取了日常生活中的实际问题,先让学生了解航海仪器,通过查阅资料,丰富自己生活常识和航海知识,让学生对课堂中所要介绍的航海仪——六分仪有初步的认识和理解.接着在课堂中展示六分仪,让学生能够亲自去观察、接触,学生在这个过程中能够对六分仪的主要组成部分有大致的了解.在这个过程中,学生可能会对六分仪中的镜子的功能产生疑惑,这些平面镜中有的做成了半透明的,有的是普通平面镜,还有的是滤镜,如果以课堂传授知识的形式来讲解这些镜子的功能,学生可能难以吸收.在实际操作中,学生通过使用镜子,拨动刻度臂,能更好地接受知识,理解实际的功能.

(2) 教学反思.

① 经历建立模型的过程,发展推理能力.

《课程标准(2022年版)》中指出模型观念的主要表现及其内涵是对运用数学模型解决实际问题有清晰的认识.模型观念有助于学生开展跨学科主题学习,感悟数学应用的普遍性.本节课,学生观察、思考、实践、反思,通过数学化的过程,在观察六分仪、了解六分仪的几何构造的过程中,建立数学模型——扇形,结合学过的物理知识和数学几何知识深刻地理解六分仪的原理,将跨学科融合的思想带入整个学习的过程中,培养了综合运用知识的能力.

② 经历分层应用的过程,发展推理能力.

本节课在解释原理时,层层递进,逐步深入,目的在于让学生更加容易、轻松地接受数学建模的过程,最终复杂的模型被分解成了简单的两面平面镜之间的光线偏移的问题.对于复杂的、开放的问题,采用小组合作的形式,让学生在每个过程中都有所收获.

③ 经历文化渗透的过程,发展推理能力.

教师提供了课外阅读拓展资料,给学生课外拓展知识、提高数学素养作铺垫,科学仪器的发展过程和数学的发展过程是相似的,都是从简单到复杂,从粗浅到精确,学生在实践过程中感受科学家精神,在质疑中前进,在提问中寻找问题的突破口,找到合适的解决方法.而科学仪器是不断发展的,学生对六分仪的改进和反思能够培养他们更严谨的科学态度和理性思维.

4.3.4 以"哥尼斯堡七桥问题"为例

1. 课标阐述

《课程标准(2022年版)》根据学生发展的特征,描述总目标在各学段的表现和要求,将核心素养的表现体现在每个学段的具体目标之中.在第四学段(7~9年级)中提出:探索在不同的情境中从数学的角度发现和提出问题,综合运用数学和其他学科的知识从不同的角度寻求分析问题和解决问题的方法,能运用几何直观、逻辑推理等方法解决问题,形成模型观念和数据观念.在与他人合作交流解决问题的过程中,能够严谨、准确地表达自己的观点,并能较好地理解他人的思考方法和结论.能够回顾解决问题的思考过程,反思解决问题的方法和结论,形成批判性思维和创新意识.

关注社会生活中与数学相关的信息,主动参与数学活动;在解决数学问题的过程中,能够克服困难,树立学好数学的信心,感受数学在实际生活中的应用,体会数学的价值,欣赏并尝试创造数学美;养成认真勤奋、独立思考、合作交流、反思质疑的学习习惯.

2. 教材分析

哥尼斯堡七桥问题(简称七桥问题)被广泛收录到各学段教材中,是值得深入学习探究的内容.本节课依据课标要求的初中学生对数学建模的掌握程度,结合数学学习的特点、认知规律和心理特征,回归七桥问题的原始背景,用数学抽象将实际情境数学化,通过建立模型来解决问题,进而总结出定理来开展教学.

3. 目标制定

(1) 理解并掌握一笔画图形的性质并能运用性质解决实际问题.

(2) 经历对七桥问题的观察、分析过程,学会用抽象的眼光观察实际问题,建立数学模型,探索一笔画图形的基本性质.

(3) 引导学生用数学的眼光看待生活中的问题,培养学生学习数学的兴趣和热爱生活的情感.

教学重点:奇点、偶点的概念,一笔画图形的性质.

教学难点:从实际问题抽象提炼出一般的规律,实现抽象能力、模型观念的培养.

4. 教学过程

(1) 创设情境,自然生成.

情境展示:哥尼斯堡是18世纪东普鲁士的一座城市,城中有一条河穿过,河上有两个小岛,有七座桥把两个岛与河岸连接起来.当时有人提出一个问题,一个步行者怎样才能不重复、不遗漏地一次走完七座桥?

师:这个问题很快传遍了欧洲,成了著名的难题,如何解决这个问题?

生:我们可以到现场去尝试.

师:很多人用"走"的方法多次实践,却没有找到答案.

生1:不需要到现场去,我们可以找到地图,在地图上画出路线就行.

生2:我觉得这是个几何问题.

教师给予肯定并展示哥尼斯堡七桥图形,学生思考、研究、讨论、尝试,均未成功.

师:为了解决这个问题,1735年有几名大学生写信向当时正在俄国彼得堡学院任职的天才数学家欧拉求助.我们先来了解一下欧拉,欧拉(1707—1783)是18世纪最优秀的数学家之一,也是人类历史上最伟大的数学家之一.欧拉首先意识到这是数学问题,他提出用抽象的眼光看问题,去掉无关因素,建立模型,从数与形的角度进行思考,请问有哪些因素与问题无关呢?

生1:桥的宽度.

生2:陆地和岛的面积.

师:我们可以把桥抽象成基本图形——线.

生1:我们可以将两个小岛抽象成一个点.

生2：陆地也可以看作一个点．

师：很棒，与欧拉的思考方向吻合！请你们试着将图形简化（用点线图的形式）．

给学生时间自行画图体验数学抽象的过程，并引导学生将画的图与问题进行比较．

师生总结，对比，七桥问题的抽象图如图4-71所示．

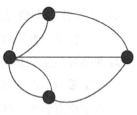

图 4-71

师：现在你们怎样理解"一个步行者怎样才能不重复、不遗漏地一次走完七座桥"这个问题？

生1：桥抽象成线，走完七座桥相当于画出这七条线．

生2：不能重复，所以每条线只能画一次，但是点可以重复经过．

生3：笔不能断开，要连续．

师：很好，问题的本质被找到了．我们要确定这种不重复的画法究竟存不存在，能否一笔画成．那么七桥问题就可以转化为能否一笔画出这个图形的问题．一笔画指下笔后笔尖不能离开纸且每条线都只能画一次而不能重复．

设计意图：利用历史背景故事激发学生的学习兴趣，通过构建问题情境引导学生思考，发现其本质和关联，形成自己的认知经验．经历抽象地图、抽象问题、抽象表达的过程，培养学生的抽象意识与抽象能力．在教学过程中，将实际问题数学化、模型化是数学教学的重点，培养学生的核心素养是数学教学的关键．

（2）问题驱动，推理论证．

① 片段1．

师：大家觉得把七桥问题转化成一笔画问题有哪些作用？

生1：问题简单化了．

生2：问题更加清晰，且去掉了次要因素，只考虑最主要的因素，便于观察和分析．

师：本问题不研究线段的长度、角的度数及面积等，而是研究点与线关系的结构图．这个问题与当时数学家们所研究的几何问题截然不同，开创了几何学的一个新分支——图论．那么，在一笔画问题中，能否一笔画成与什么有关？

生：与点有关.

师：路线图中有4个点,这些点可以怎么分类?

生：可以分为起始点、过路点和终点.

师：能具体描述一下这三种类型点的特征吗?结合实际问题想想这些点的区别.

生1：过路点一定是有进有出的,与过路点相连的路径一定是成双成对的,是偶数.

生2：起始点如果和终点重合,那么连接起始点(终点)的路径有进有出,路径数量一定是偶数.如果起始点和终点不重合,那么与这两点相连的路径的数量是奇数.

师：为了研究的方便,把与点相连的边数叫做点的度数.度数为奇数的点称为奇点,度数为偶数的点称为偶点.

教师介绍奇点、偶点的概念.

A. 有奇数条边相连的点叫奇点,如：

B. 有偶数条边相连的点叫偶点,如：

……

② 片段2.

生：有什么办法能更准确、更方便地判断一般图形是否可以一笔画?一笔画图形有什么规律?

师：学数学就应该有这种追求更普遍的真理的科学精神.欧拉也没有因为解决了问题而结束,也进一步找到了一个更普遍的真理,才有了后面的成就.既然发现了一笔画问题与奇偶点有关,就顺着这条思路去寻找一笔画问题的普遍规律,请计算各个图形中奇点、偶点的个数并填入表中.（表4-6所示为完善后的表格）

表 4-6　部分图形的奇、偶点数及是否可一笔画

图形	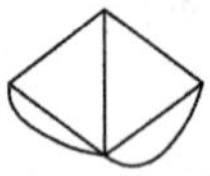	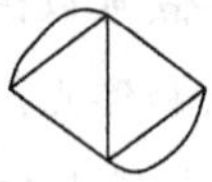	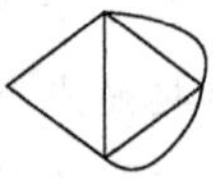	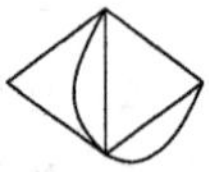
奇点数	4	2	0	2
偶点数	0	2	4	2
是否可一笔画	否	是	是	是
图形	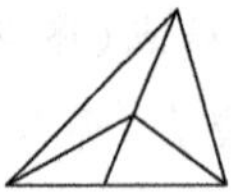	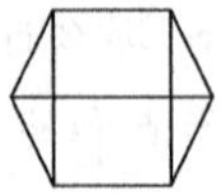	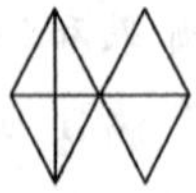	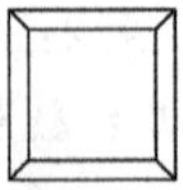
奇点数	4	6	4	8
偶点数	1	2	4	0
是否可一笔画	否	否	否	否

师：说说你们的发现．

生1：可以一笔画的图形，其奇点数和偶点数都是偶数．

生2：不赞成，第6个图奇点、偶点个数都是偶数但不能一笔画．

生3：奇点个数有规律，偶点个数没有规律．

生4：老师常讲规律就是变化中找不变，一笔画图形奇数点要么是0，要么是2．

生5：在一笔画图形中，奇点个数为0的图形，其任意一点都可以作为起点(终点)，奇点个数为2的图形，其一个奇点作为起点，另一个奇点作为终点．

师：非常好！那么"回"字的奇点个数为0，可以一笔画吗？为什么？

生1：不行，里面的点和外面的点不相连．

生2：所以能一笔画的图形还应该强调是连通的图形．

师：看来大家都很认可这样的发现，但我们能确定所有一笔画图形都具有这样的规律吗？我们结合奇点、偶点的性质一起验证一下．(教师黑板展示)

问题：证明能一笔画的图形的奇点为0或2．

证明：假设图形有 n 条边．

因为每一连线有两个端点，所以起点度数＋过路点度数＋终点度

数$=2n$.

因为每个过路点度数为偶数,所以过路点度数和为偶数.

所以起点度数+终点度数=偶数.

所以有两种情况,起点、终点度数都是奇数或都是偶数,即奇点的个数为 0 或 2.

师:现在我们一起回过头来看七桥问题……

设计意图:在课堂主体阶段,注重学生的主体性和创造性,以问题为导向,引导学生独立思考、分析交流、总结归纳出奇偶点的概念.在知识生成阶段,先确定能否一笔画与奇点、偶点有关,接着通过从特殊到一般的方法得到猜想,最后演绎推理证明结论.经历思考、猜想、论证的过程,让学生积累数学活动经验,提高学生分析问题、解决问题的能力.

(3) 分层拓展,夯实提升.

① 下列选项能一笔画的是 ( )

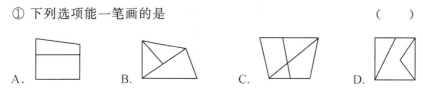

② 在图 4-72 中添加一条线,使其可以一笔画.

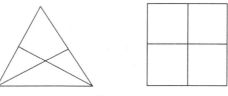

图 4-72

③ 应用题:在原七桥问题(图 4-73)中再增加一座桥,使得能够不重复走完这七座桥,并设计好出口和入口.

④ 思考题:既然七桥问题的简化图形不能一笔画成,那么它可以几笔画成?请延续本题的思路探究一个图形能够几笔画成与什么因素有关.

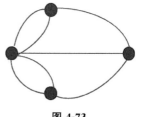

图 4-73

设计意图:设计以上题目的关键是让学生会判断图形能否一笔画,并理解一笔画问题的原理.第一题偏基础,考查学生基础知识的掌握情况,提高学生的学习积极性.第二、第三两题主要考查学生对知识的理解、运用情况,对学生数学核心素养要求较高.第四题思考题引导学生拓展思维自主探究更深层次的数学知识.作业分层设计,让不同层次的学生获得不同的数学体验.

(4)文化浸润,提高素养.

1735年几名大学生写信给欧拉,请他帮助解决哥尼斯堡七桥问题.欧拉并未轻视这个生活小问题,他似乎看到其中隐藏着某种新的数学方法.经过一年的研究,29岁的欧拉圆满地解决了这一问题,并于1736年向彼得堡学院递交了一篇题为《哥尼斯堡的七座桥》的论文.欧拉在解决哥尼斯堡七桥问题的过程中,开创了一个新的数学分支——图论.

当时的数学界并未对欧拉解决七桥问题的意义有足够的认识,甚至有些人仅仅当其是一个数学游戏.图论这一数学分支诞生后并未得到良好的发展,直到200年后的1936年,匈牙利数学家科尼希出版了《有限图与无限图理论》,此为图论的第一部专著,其总结了近200年来有关图论的成果,这是图论发展的第一座里程碑.此后,图论进入发展与突破阶段.图论现已成为数学科学的一个重要的独立分支.

哥尼斯堡的七座桥如今只剩下三座,一条新的跨河大桥已经建成,它完全跨过河心岛,但导游们仍乐此不疲地向游客们讲述哥尼斯堡七桥的故事.虽然哥尼斯堡的七座桥成了历史,但是七桥问题留下的"遗产"、欧拉卓越的解答方式被永载史册,数学家们探究真理的决心值得我们学习.

设计意图:本节课从哥尼斯堡七桥问题出发,围绕该核心问题展开一系列探究活动,最后渗透有关七桥问题的数学文化知识,激发学生学习数学的兴趣和求知欲.张奠宙先生指出数学文化必须走进课堂.为此,笔者结合课堂有机渗透数学文化,使学生在学习数学的过程中真正受到文化熏陶,欣赏数学之美,学会用数学的眼光观察现实.

(5)课堂总结,提升能力(图4-74).

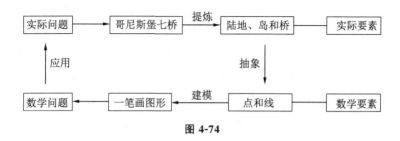

图 4-74

设计意图：本节课从历史背景问题出发，提炼实际问题中的关键要素，引导学生用抽象的眼光看问题，从而建立模型以解决问题．注重培养学生的模型意识与模型观念，让学生在掌握知识点的同时，及时巩固培养自身的应用意识与应用观念．设计有深度、有探究性的问题，培养学生的发散性思维，提升学生的学科素养和关键能力．

5. 回顾与反思

（1）教学设计的立意．

本节课是以数学文化为主题围绕历史上著名的数学问题——"哥尼斯堡七桥问题"展开的一节项目主题课．利用历史背景故事引入本节课的学习内容，学生经历思考、分析、实践的过程尝试解决问题，对七桥问题有了初步的认识与理解．教师提示学生沿着数学家欧拉的思路探究问题，并引导学生用抽象的眼光看问题，体验数学抽象的思想方法，理解七桥问题的本质是一笔画问题．通过提出猜想、讨论分析、推理论证等方式，让学生掌握图形能否一笔画的关键．在数学文化中渗透数学学习思想与方法，发展学生的创新能力和推理能力，提高学生对数学学习的兴趣．

（2）教学反思．

① 经历实际问题抽象化的过程，发展抽象能力．

《课程标准（2022 年版）》特别指出：抽象能力主要是指通过对现实世界中数量关系与空间形式的抽象，得到数学的研究对象，形成数学概念、性质、法则和方法的能力．能够从实际情境或跨学科的问题中抽象出核心变量、变量的规律及变量之间的关系，并能够用数学符号予以表达；能够从具体的问题解决中概括出一般结论，形成数学的方法与策略．感悟数学抽象对于数学产生与发展的作用，感悟用数学的眼光观察现实世界的意义，形成数学想象力，提高学习数学的兴趣．本节课，教师以七桥问题作为情境引入，引导学生观察分析并尝试解决问题．有学生想到实际场景去模拟尝试，但因为现实条件约束无法实现,于是学生提出在地图上用笔画出路径的方法.经历不断尝试,再结合数学家欧拉的观点,学生发现问题的核心变量在于"点"和"线",并用点线图的形式将实际问题抽象表达出来.通过以上探索,学生能体验数学抽象的内涵与用途,为今后复杂的实际情境或跨学科问题提供切入契机,切实提升学生抽象能力.在教学中,教师要善于挖掘和改造教学材料,让学生学会用数学的眼光观察实际问题,发展学生的抽象能力,培养学生的核心素养.

② 经历实际问题模型化的过程,发展模型观念.

《课程标准(2022年版)》中指出模型观念的主要表现及其内涵是:对运用数学模型解决实际问题有清晰的认识.知道数学建模是数学与现实联系的基本途径;初步感知数学建模的基本过程,从现实生活或具体情境中抽象出数学问题,用数学符号建立方程、不等式、函数等表示数学问题中的数量关系和变化规律,求出结果并讨论结果的意义.模型观念有助于开展跨学科主题学习,感悟数学应用的普遍性.本节课学生观察、思考、实践、反思,通过数学化的过程,抽象出七桥问题中蕴含的数量关系与空间形式,生成具体的数学模型,再通过符号化、形式化过程形成具有一般意义的数学模型,将复杂的七桥问题转化成简单、清晰的点线图模型,从而继续进行问题的探究活动.让学生切实体会到数学模型是数学与现实世界之间互动的主要媒介.在本节课的研究中,发展学生的模型观念,提高学生建立数学模型的能力.

③ 经历项目式学习的过程,发展核心素养.

本节课围绕数学文化主题展开,学生经历项目式学习的全过程,能综合运用数学学科的知识与方法,在实际情境中发现问题,并将其转化为合理的数学问题;能独立思考,与他人合作,提出解决问题的思路,设计解决问题的方案;能根据问题的背景,通过对问题条件和预期结论的分析,构建数学模型;能合理使用数据,进行合理计算,借助模型得到结论;能根据问题背景分析结论的意义,反思模型的合理性,最终得到符合问题背景的模型解答.在这样的过程中,学生理解数学,应用数学,形成和发展应用意识、模型观念等,提升自主学习或合作探究的能力.学生感悟数学与生活、数学与其他学科的关联,发展学习能力、实践能力和创新意识.

后　记

　　回首一瞬间,从十梓街到十全街,不曾忘记在苏州大学数学科学学院求学的每一天,难以忘怀初上三尺讲台的那一瞬间,光阴悄然流逝,转眼工作已近24年.回望这些年在苏州市振华中学校工作的日子,思绪万千.一届又一届学生从学校毕业,他们走向属于自己的人生,收获自己的成长,那么我在这20多年的教育教学中,有哪些感悟及值得推广的教育教学经验呢？我的教育主张又是什么？这是我撰写本书的初衷.它是我多年来理论研究和教学实践的结晶,也是我对从事深度学习研究近十年来成果的总结和提炼,同时也是我主持的江苏省教育科学"十三五""十四五"规划课题研究成果的汇编和凝练.我想通过这本书,能够为广大教师提供一些实用的策略和方法,能够激发更多的数学教育工作者对初中数学深度学习的兴趣,共同推动数学基础教育的改革与发展.在此,我想对所有支持和帮助我完成这本书撰写的人表示最深切的感谢！

　　感谢苏州市振华中学校党委唐曜书记、杨征校长及其他班子领导为我搭建发展平台,给予我工作和学术研究等方面的帮助和支持,也促使我能在数学教育教学、教育科研等领域取得丰硕成果！感谢我的同事管其炜、王安笈、王依若等老师与我一起探索教育教学理论与实践路径.也感谢我的其他数学学科教研组团队给予我的持续鼓励和帮助,使我的数学学科理论与教学实践水平得到了更好的提升.

　　感谢苏州市第二届"名师领航"高研班导师江苏省教育科学研究院科研规划与管理处主任董林伟老师、江苏省中小学教学研究室初中数学教研员徐德同老师、南京市教研室副主任朱建明老师,以及我参加的江苏省"苏教名家"培养工程、江苏省教育家型教师创新培育计划、江苏省教学名师、苏州市"名师领航"高研班等研修班导师组及同学们,还要感谢我的启蒙师傅苏州市振华中学校原副校长、苏州市光华中学校长沈涛老师,以及苏州市吴中区教师发展中心副主任殷容仪老师,是你们带领我不断钻研教育理论,尝试探索教育教学中的热点和难点,引领我鼓足勇气,在多重困难中摸索前行,使我突破一个个教学瓶颈,形成自己的教学主张和风格,增加我终身从事数学基础教育的决心、底气.

感谢我的同学苏州幼儿师范高等专科学校顾正刚副教授,他在本书的撰写、课题的研究等方面给予我很大的支持和帮助!

感谢我的家人,是你们的理解和支持使我在教育生涯中取得了一定成绩,且继续努力前行!

感谢苏州大学出版社的领导和编辑,是你们的专业和耐心确保了这本书的顺利完成,你们的细致工作让这本书能够以最佳的状态呈现给读者!

最后,我要感谢每一位读者,是你们让这次学术之旅变得更加有意义.我期待听到你们的反馈和建议,让我们一起为数学基础教育改革和发展共同努力!

吕亚军